SCHLOSS ELMAU

DIETMAR MUELLER-ELMAU

SCHLOSS ELMAU

EINE DEUTSCHE GESCHICHTE

KÖSEL

*»Gedenke Ihrer in diesen unbeschreiblichen Tagen,
in denen das Ich völlig verschwunden ist und
nur der Glaube allein noch helfen kann.«*

(Prinz Max von Baden in einem Telegramm an seinen von ihm sogenannten Seelenführer Johannes Müller am Tag nach seiner Ernennung zum Reichskanzler am 3. Oktober 1918.)

»Man könne der lebendigen Wirklichkeit Gottes als seinem wahren Wesen nur unmittelbar wie ein Kind in einem unbewusst selbstvergessenen und nicht mehr hinterfragbaren Urvertrauen der Seele gewahr werden. Dies geschehe von selbst, wenn man sich nicht mit sich selbst befasst, ganz von sich absieht, im schöpferischen Lebensstrom untergeht, sich als Zelle im Ganzen und als Strahl im Lichtermeer Gottes einfühlt und darin lebensbejahend und wunschlos von allem unabhängig wird. Dann werde man den Atem der Schöpfung spüren und im All aufgehen, wo das große Schweigen und tiefe Stille herrschen.«

(Dr. Johannes Müller, Philosoph, Theologe und Gründer von Schloss Elmau.)

INHALT

TEIL II
MEINE DEUTSCHE GESCHICHTE

VORWORT

Schloss Elmau wurde von 1914 bis 1916 von meinem Großvater, dem zivilisationskritischen Theologen und Philosophen Dr. Johannes Müller (1864–1949) als »Freiraum des persönlichen und gemeinschaftlichen Lebens« erbaut. Seine Gäste sollten hier in einer Gemeinschaft Gleichgesinnter bei Konzerten und Tanzabenden mit klassischer Musik und in unberührter Natur Urlaub vom Ich und seinen Vorstellungen machen, um im Sinne der Bergpredigt selbstvergessen, unbewusst und unmittelbar wie die Kinder ihrem göttlichen Wesen in der Stille gewahr werden zu können.

In Teil I beschreibe ich die aus meiner Sicht wichtigsten Stationen der Geschichte von Schloss Elmau von 1914 bis zu Brand und Abriss im August 2005 sowie meine architektonische und inhaltliche Konzeption für das neue Schloss Elmau, das seit seiner Eröffnung als Luxury Spa, Retreat & Cultural Hideaway im Juni 2007 vielfach als eines der besten Hotels der Welt ausgezeichnet wurde. Seine Gäste scheinen wie ich in ihrer freien Zeit vor allem ihre Freiheit genießen zu wollen, gleichgültig was auch immer jeder für sich darunter verstehen mag.

Die Eröffnung des Schloss Elmau Retreat im März 2015 und der G7-Gipfel im Juni 2015 markieren den vorläufigen Höhepunkt in der bewegten Geschichte von Schloss Elmau auf dem Weg von einem ehemals weltentrückten Idyll deutscher Innerlichkeit und metaphysischer Eindeutigkeit am Anfang des 20. Jahrhunderts zu einem weltoffenen Idyll kosmopolitischer Weltläufigkeit und säkularer Vieldeutigkeit am Anfang des 21. Jahrhunderts.

In Teil II setzte ich mich mit den Abgründen und der andauernden politischen Relevanz kulturprotestantischer Zivilisations- und Kapitalismuskritik auseinander, für deren Begründer mein Großvater großes Vorbild war. Die Reflexion der Widersprüche in seiner Geschichte war für mich nicht nur ein wichtiger Schlüssel zum besseren Verständnis deutscher Geschichte, sondern auch der ideengeschichtlichen Begründung gegensätzlicher Ideale von Freiheit diesseits und jenseits des Atlantiks.

Mein ganz besonderer Dank gilt Prof. Dr. Dan Diner, Prof. Dr. Christoph Schmidt, Prof. Walter Laqueur, Prof. Dr. Saul Friedländer, Dr. Rachel Salamander, Stephan Sattler und Giovanni di Lorenzo für ihre Anregungen, Kritik und Verbesserungsvorschläge meiner Darlegungen.

Darüber hinaus möchte ich mich bei all jenen bedanken, mit deren Unterstützung ich in den letzten anderthalb Jahrzehnten Schloss-Elmau-Symposien insbesondere zu Fragen der politischen Theologie und Ideengeschichte durchführen durfte, allen voran bei Prof. Dr. Gabriel Motzkin, dem Direktor des Van Leer Instituts in Jerusalem, Prof. Dr. Michael Brenner, dem Direktor des Instituts für Jüdische Geschichte und Kultur an der LMU in München, und Prof. Dr. John Efron, dem Direktor des Institutes of European Studies at the University of California in Berkeley sowie bei dem leider viel zu früh verstorbenen Dr. Ron Asmus, Senior Fellow beim German Marshall Fund in Washington, sowie bei dessen ehemaligen Präsidenten Craig Kennedy für die Durchführung der Transatlantischen Foren in Schloss Elmau.

TEIL I

SCHLOSS ELMAU

AUS SICHT SEINES GRÜNDERS DR. JOHANNES MÜLLER 1916–1945

1395 tauchte der Name Elmau erstmals in einer Urkunde als Bezeichnung für eine Aue auf. Das Wort bedeutete ursprünglich Wasser, wurde aber später als Begriff für eine feuchte Wiese oder Insel verstanden, die von trinkbarem Wasser umflossen ist. Die Herkunft der ersten Silbe Elm ist unklar, könnte auf Alm oder Alpe zurückgehen, einen Weideplatz auf einem Berg. Die urzeitliche, von einem Gletscher und Meer geformte Topografie mit den Moränen und Buckelwiesen, auf denen Schloss Elmau steht, ist 60 Millionen Jahre alter Meeresgrund. Diese Bereiche stehen unter Naturschutz, vor allem wegen der vielen seltenen Blumen und der Enziane, die im Frühjahr die Buckel und Hügel wie einen blauen Teppich überziehen.

Ab 1542 wurde Elmau mit verschiedenen Einödhöfen, einer Sägemühle und einem Gasthaus besiedelt. Als sich die Bewirtschaftung nicht mehr lohnte, verkauften die Bauern, denen das Land gehörte, ihren Besitz an zwei Verehrerinnen von König Ludwig II., der in dem Gasthaus eine Wohnung hielt. Er hatte es sich zur Gewohnheit gemacht, jährlich dort zu übernachten und die Pferde seiner Kutsche zu wechseln, wenn er anlässlich seines Geburtstags am 25. August für zehn Tage das von ihm erbaute Königshaus Schachen besuchte.

1886 verlor das Anwesen nach dem Tod des Märchenkönigs seine Bedeutung für die beiden Damen.

1912 kaufte der 1864 in Riesa bei Dresden geborene Philosoph und Theologe Dr. Johannes Müller mit finanzieller Unterstützung von Elsa von Michael (später Gräfin von Waldersee), geb. Haniel, das Anwesen und die umliegenden Wiesen für den Bau von Schloss Elmau. Architekt war sein Schwager Prof. Carlo Sattler, der 1915 auch das Müllerhaus für seine große Familie gebaut hatte, die damals acht Kinder und später elf Kinder umfasste.

1914 wurde vor Ausbruch des Ersten Weltkrieges mit dem Bau des Schlosses begonnen.

1916 wurde Schloss Elmau zu Pfingsten von seinem Anhänger Prinz Max von Baden eröffnet. Sechs Monate später wurde mein Vater Bernhard im Müllerhaus geboren.

Johannes Müller hatte Theologie bei Franz Delitzsch in Leipzig studiert und in Philosophie über den Begriff der Ethik des von ihm bewunderten Baruch Spinoza promoviert, der als Erfinder der Bibelkritik gilt. Delitzsch war der Nachfolger von Albrecht Ritschl, einem Anhänger Immanuel Kants und Mitbegründer der sogenannten »Religionsgeschichtlichen Schule« der liberalen Theologie, der bis heute dominanten Denkschule des Luther-Protestantismus. Ritschl wollte den Glauben durch radikale Kritik an Dogma und Bibel mittels historisch-kritischer Methode einsichtig machen, was dem Glauben um des Glaubens willen seine Grundlage entziehen sollte.

Delitzsch war die zentrale Figur der lutherisch-heilsgeschichtlichen Judenmission, die einen theologischen Antijudaismus in der lutherisch geprägten Kritik an der jüdischen Werkgerechtigkeit mit einem Konzept der Liebe zu Israel verband: einerseits auf die Bekämpfung der religiösen Verleumdungen des Judentums und eine Verständigung von Juden und Christen zielte und andererseits das Judentum auf dem Wege der Mission zu überwinden trachtete (Christian Wiese).

Nach dem Tod seines Lehrers übernahm Johannes Müller von ihm die Leitung des Centralvereins zur Mission unter Israel. Das talmudische Judentum war für Johannes Müller durch die Geburt Jesu jedoch anders als für Luther und seinen Lehrer nicht hinfällig und die Auserwähltheit der Juden nicht aufgehoben worden. Jesus war für ihn vielmehr der erste »Überwinder der Religionen« und das paulinische Christentum das größte Hindernis des Menschen auf dem Weg zu seinem göttlichen Wesen. Da er die Juden also nicht bekehren, sondern nur mit seiner Interpretation der Bergpredigt für eine jüdische »Wesenskultur« und Jesus als Prototyp eines empfänglichen und schöpferischen Organs Gottes begeistern wollte, kam es zum Bruch mit Mission und Kirche.

Anschließend begann Müller zuerst in Schliersee und dann in den Sanatorien von Davos öffentliche Vorträge zu halten, um seinen Lebensunterhalt zu verdienen. Innerhalb kürzester Zeit sprach er in Deutschland, Skandinavien und den Niederlanden vor Tausenden von Zuhörern aus allen Schichten der Gesellschaft. Zusammen mit seinem theologischen Mitarbeiter im Centralverein, dem Pfarrer Heinrich Lhotzky, machte er 1903 Schloss Mainberg zum Treffpunkt für seine Leser und Freunde.

Das Anwesen, das ihm sein Freund Alexander Erbslöh zur Verfügung stellte, hatte im 19. Jahrhundert der Tapeten- und Tuchfabrikanten-Familie Sattler gehört. (Karl Sattler war der Erfinder des Schweinfurter Grüns, einer Tapetenfarbe, die aufgrund ihres hohen Anteils an Arsen angeblich auch Napoleon zum Verhängnis wurde und noch heute die Böden um Schweinfurt belastet.) Hier lernte er seine dritte Frau Irene Sattler kennen, die engste Freundin seiner bei der Geburt des dritten Kindes Marianne (Manne) verstorbenen Frau Marianne Fiedler, und auch Elsa Gräfin von Waldersee, die von ihm so beeindruckt war, dass sie ihre finanzielle Unterstützung anbot, falls eine Erweiterung notwendig werden sollte.

Nach der Aufgabe von Mainberg wegen Überfüllung und Trennung von Lhotzky aufgrund von Meinungsverschiedenheiten über das weitere Vorgehen wurde ihm von seinem Lektor beim C.H. Beck Verlag, dem Autor Wilhelm Langewiesche, Elmau als idealer Ort für einen Neubau empfohlen. Gemeinsam mit Gräfin von Waldersee und seinem Schwager Carlo Sattler fuhr er nach Mittenwald und wanderte von dort nach Elmau. Er war so begeistert, dass er unverzüglich das bäuerliche Anwesen und die umliegenden Wiesen kaufte. Obwohl Gräfin von Waldersee die für den Bau erforderlichen Mittel für den Schlossbau großzügig zur Verfügung gestellt hatte, bestand sie jedoch darauf, dass Johannes Müller als alleiniger Eigentümer fungieren und für den Betrieb und alle weiteren Kosten das alleinige Risiko tragen solle.

Johannes Müller bezeichnete Schloss Elmau als einen »Freiraum des persönlichen und gemeinschaftlichen Lebens«, ein Erholungsheim für Gesunde, andere als ein Refugium weltentrückter Innerlichkeit, Gemeinschaft und Hochkultur. Sein Leitspruch für Schloss Elmau war der Spruch Jesu: »Kommet her zu mir alle, die ihr mühselig und beladen seid; ich will euch erquicken.« Von Anfang an kamen auch viele berühmte Musiker, wie die Pianistin Elly Ney, und blieben teilweise für Monate. Bei den Konzerten durfte nicht geklatscht, beim Tanzen nach klassischer Musik nicht gesprochen werden.

Die subjektive, weil ichbezogene und zweckrationale »jüdisch-christliche Bewusstseinskultur« war für Müller die Wurzel allen Übels. Sie sollte durch eine objektive, weil zweckfreie und gottbezogene »Wesenskultur« der Seele abgelöst werden. Der lebendigen Wirklichkeit Gottes als dem wahren Wesen des Menschen könnten die Menschen nur unmittelbar wie ein Kind in einem naiven, völlig ichvergessenen, unbewussten und nicht mehr hinterfragbaren Urvertrauen der Seele gewahr werden. Dies geschehe am besten dadurch, dass man sich nicht mit sich selbst befasse, ganz von sich absehe, im schöpferischen Lebensstrom untergehe, sich als Zelle im Ganzen und als Strahl im Lichtermeer Gottes einfühle und darin lebensbejahend und wunschlos, von allem unabhängig werde. Dann werde man den Atem der Schöpfung spüren und im All aufgehen, wo das große Schweigen und tiefe Stille herrschen.

Da »Jesus in dieser, aber nicht von dieser Welt« sei und Gottes unendliche Gnade die Sonne über Gerechten und Ungerechten gleichermaßen aufgehen lasse, könne Gott nicht durch Vernunft einsichtig gemacht, durch Theologie begriffen, durch Einhalten der Gesetze besänftigt, in mystischer Ekstase erlebt, in meditativer Versenkung erfahren, im Glauben an ein unbegreifliches Dogma offenbart oder im Kultus angebetet werden. Jeder bewusste, vom Menschen ausgehende Versuch einer Annäherung an Gott sei grundsätzlich zum Scheitern verurteilt. Alles, was nicht schöpferisch ursprünglich und unbewusst von selbst wird, hätte keinerlei Wesen und Wert.

Er bezog sich damit vor allem auch auf Goethe, für den schöpferisch auch nur das sein konnte, was ursprünglich und unbewusst von selbst geschieht, und auch auf Nietzsche, der in der inneren Lösung von allem individualistischen Begehren die Voraussetzung künstlerischen Schaffens sah und an keine Kunst glauben wollte, wo das Individuum noch egoistische Ziele verfolgt. Der schöpferische Mensch würde laut Nietzsche in seiner Produktivität sterben, sobald er egoistisch beschränkt wird. Johannes Müller war überzeugt, dass der Mensch niemals etwas aus nichts schaffen und Urheber oder Schöpfer sein könne. Es gäbe daher keine Willensfreiheit, sondern nur die Freiheit als Organ Gottes, der nicht von dieser Welt und metaphysischer Urgrund von allem Sein sei. Alles andere sei Willkür.

Johannes Müller hoffte, dass die Betrachtung der Wettersteinwand, die Stille der Natur, das Erlebnis klassischer Musik bei den regelmäßigen Konzerten und vor allem der Tanz nach klassischer Musik, bei dem man auf die Musik und die Schritte des Partners achten musste und deswegen nicht an sich denken konnte, ebenso wie das Erlebnis von Gemeinschaft bei den gemeinsamen Mahlzeiten seine Gäste für die göttliche Wirklichkeit unmittelbar empfänglich machen würde.

Auch wenn seine wöchentlichen Fragebeantwortungen immer gut besucht waren, war er einerseits davon überzeugt, dass der größte Teil seiner Gäste Schloss Elmau wohl nicht seinetwegen besuchte, sondern nur wegen des guten Essens und der idealen Wandermöglichkeiten. Andererseits reagierte er auf schwärmerische Zustimmung zu seinen Ansichten allergisch, da die Wahrheit für ihn nur anarchisch-subjektiv und nie für zwei Menschen gleich sein konnte. Er wolle keine Überzeugungen vermitteln, sondern Interesse für eine praktikable Lebenshaltung wecken. Hierzu wollte er, wie Bonhoeffer und alle anderen in der religionsgeschichtlichen Schule der liberalen Theologie ausgebildeten Theologen, historisch fundierte Texte der Bibel in der Sprache seiner Zeit interpretieren, was er »verdeutschen und vergegenwärtigen« nannte.

Aufgrund der unendlichen Mannigfaltigkeit der Schöpfung

Gottes könne für ihn die Menschwerdung für jeden gemäß den Anlagen seiner Person nur persönlich und entsprechend der kulturell gewachsenen Eigenart und Sprache seines Volkes nur völkisch geschehen. Es sei daher völlig unsinnig, nach einer allgemeingültigen Weltanschauung zu trachten oder gar andere von seinem Glauben, Volkstum oder Gedankentum überzeugen und sich damit über andere erheben zu wollen.

Er teilte daher auch weder das Anliegen der Deutschen Christen, eine deutsche Nationalreligion zu begründen, noch den Nationalismus. Ebenso lehnte er die Theosophie und Anthroposophie Rudolf Steiners und den Buddhismus ab. Sie alle seien dem Evangelium entgegengesetzte Versuche einer menschengemachten »Läuterung und Vergötterung des Ich«. Nichts darin sei wesentlich, sondern man würde nur so tun als ob.

Einen Besuch von Rudolf Steiner, der auf Wunsch des Theologen Friedrich Rittelmeyer gerne nach Schloss Elmau gekommen wäre, lehnte Johannes Müller allerdings immer ab. Die Steiner'sche Theosophie und ihre Wiederverkörperungslehre und Christusmystik waren seiner Ansicht nach dem Evangelium Jesu ganz fremd, gegensätzlich und daher unvereinbar mit ihm. Jesus sei ein Heiland aller Menschen und jeder, auch der größte Sünder, könne in diesem jetzigen Leben erlöst und wiedergeboren werden und die göttliche Gnade würde unbedingt und ohne Ausnahme jeden ergreifen, der sich ihr aufschließe, und ihn zu lebendiger Gemeinschaft mit dem Vater führen, und wer aus dem Glauben oder nur aus dem Empfinden heraus leben würde, was man aus der Lektüre der Seligpreisungen kenne, sei im Reiche Gottes. Dieses unbedingte, unmittelbare, gegenwärtige, diesseitige Heil kenne keine Theosophie. Die tatsächliche wirkliche Erlösung vom Ich und seinen Süchten durch Gottes Kraft gebe es hier nicht, sondern nur die Erlösung durch einen Läuterungs-

und Vergottungsprozess, d.h. die Erlösung Gottes durch den Menschen und nicht die Erlösung des Menschen durch Gott. Es wäre jedoch nicht möglich, das Reich Gottes auf weltliche Weise und in weltlicher Gestalt zu verwirklichen, ohne es zu vereiteln. Auch das Judentum und die katholische Kirche seien dieser Versuchung erlegen. Daher stünde auch das paulinische Christentum in der gleichen Anfechtung. Das Evangelium Jesu wäre damit völlig unvereinbar, denn wenn die Menschen nicht werden würden wie die Kinder, könnten sie nach dem Verständnis Jesu nicht in das Himmelreich kommen.

Alle von der Theosophie Befangenen waren seiner Ansicht nach für das Wunder und Geheimnis des neuen Lebens unzugänglich. Er hielt die Theosophie bzw. Anthroposophie für einen der schlimmsten Schädlinge des geistigen Lebens. Es sei seine Pflicht, vor der Theosophie zu warnen. Dass Schloss Elmau im vergangenen Jahrhundert in der Öffentlichkeit dennoch immer wieder mit der Anthroposophie assoziiert wurde, ist allein der Werbung der Anthroposophen für die seit Mitte der 70er- bis Mitte der 90er-Jahre des letzten Jahrhunderts stattfindenden Jahrestagungen ihrer Eliten in Schloss Elmau zuzuschreiben, für die mit einem Bild von Schloss Elmau auf der Titelseite ihrer Zeitschrift *Die Kommenden* geworben wurde.

Johannes Müller hatte durch rege Vortragstätigkeit und Publikationen sowie regelmäßige Beiträge in der von seinem Freund Martin Rade herausgegebenen *Christlichen Welt*, der damals wichtigsten Zeitung des Bildungsbürgertums, großes Ansehen und Bekanntheit erlangt. Zu seinen Vorträgen pilgerten regelmäßig mehrere Tausend Zuhörer. Johannes Müller war für unzählige Gäste ein charismatischer Prediger, Seelsorger und Lebensberater in Zeiten größter zeitgeschichtlicher Umbrüche und persönlicher Sorgen. Prinz Max von Baden nannte Johannes Müller sogar seinen »Seelenführer« und fasste keine Entscheidung ohne seinen Rat. Sein Versuch, Johannes Müller für Richard Wagner, Bayreuth und Houston Chamberlain zu begeistern, blieb allerdings erfolglos. 1917 wurde Johannes Müller auf Vorschlag von Friedrich Mahling der Ehrendoktor der Theologischen Fakultät der Friedrich-Wilhelm-Universität Berlin (später: Humboldt-Universität) für tätige Nächstenhilfe verliehen.

In seinem letzten Lebensjahrzehnt wurde Adolf von Harnack, einer der engsten Vertrauten und Berater von Kaiser Wilhelm II., zu einem glühenden Anhänger von Johannes Müller und ein regelmäßiger Gast in Schloss Elmau, das er jeden Sommer für zwei Monate besuchte: »Man kann im Gesamtgebiet der Alpen suchen und wird keinen Ort finden, der sich mit der Elmau vergleichen lässt: ein sonniges Tal, weit genug, um keine Gefühle der Enge aufkommen zu lassen, begrenzt genug, um als etwas Geschlossenes, Heimisches empfunden zu werden. Was der Gast hier sucht: Abgeschiedenheit und Stille, gehaltvolle Anregung und Geselligkeit, Ernst und Heiterkeit, in allem aber Freiheit. Nichts wird aufgedrängt, nichts aufgezwungen … Nach der Religion wird hier niemand gefragt, aber niemand wird sie vermissen, der nach ihr sucht!« (Adolf von Harnack)

Von Harnack gilt als Begründer des Kulturprotestantismus und bis heute als der politisch wie theologisch wirkungsmächtigste »Religionsintellektuelle« des 20. Jahrhunderts (Friedrich Wilhelm Graf).

1918 beschrieb der berühmte kulturprotestantische Theologe Ernst Troeltsch Johannes Müller neben dessen Bewunderern Ricarda Huch und Walther Rathenau »als vorbildhaften Evangelisten neudeutschen religiösen Idealismus, der nicht durch die Anbetung nationaler Macht verdorben ist, der ein riesiges Schloss als eine Art moralisches Sanatorium gestaltet (…), allem äußeren

Macht- und Sinnenkultus abgekehrt, tiefste lauterste sachliche Ehrlichkeit, die aus der erfüllten Kraft Gottes lebt, das eigene Sein zur Wahrheit und Freiheit erhöht, das Einzelne verbindet in der Hingabe an das Ganze und seine Aufgaben, ursprüngliche Frische des Glaubens an Gott, Ich, Volk und Menschheit und im übrigen Gottvertrauen, das in den Gang der Dinge sich schickt und ihn bemeistert, wie er eben ist« (*Schweizerische Theologische Zeitschrift*, 35. Jg., 1918).

Unter den Gästen von Schloss Elmau waren damals auch Otto Meissner, Chef der Präsidialkanzlei unter Paul von Hindenburg und später unter Hitler, die Fabrikanten Rosenfeld, Erbslöh und Bahlsen, die Familie Graf von Solms-Lauterbach, Elisabeth von Thadden, Hans-Georg Beerfelde, Anton Fendrich, Hermann Bahr, Erfinder der literarischen Wiener Moderne, Friedrich Lienhard, Vorkämpfer einer völkischen Heimatkunst, der Pfarrer Friedrich Rittelmeyer, der nach dem Ersten Weltkrieg eine wichtige Rolle in der anthroposophischen Bewegung spielte, Friedrich Megerlein und Otto Breuninger, zwei Führungsfiguren der nationalsozialistischen »Deutschen Christen«, von denen sich Johannes Müller allerdings nach anfänglichen Sympathien völlig distanzierte, der Reformtheologe Eivind Berggrav, Primas der norwegischen Kirche, der Romancier Erich Ebermayer, literarisches Mündel Gerhart Hauptmanns und Freund der Familie Mann, Erich Koch-Weser, Oberbürgermeister von Kassel und Mitbegründer der linksliberalen DDP (Deutsche Demokratische Partei), Reichstagsabgeordneter und mehrmals Minister, bevor er 1933 nach Brasilien emigrierte, die Schriftstellerin Ricarda Huch, die Pianistin Elly Ney, der Pianist Wilhelm Kempff, der Philosoph Hans-Georg Gadamer, der Dompfarrer von Bremen Maurus Gerner-Beuerle und der Politologe Arnold Bergstraesser.

Der Religionswissenschaftler Walter F. Otto, Künder einer aus

Nietzschekult und Philhellenismus gespeisten neuheidnischen Religiosität, schrieb über Schloss Elmau: »Hier in Elmau, wo es fast paradiesisch schön ist, wo das Heitere, Farbenleuchtende, Dunkle und Grandiose die allerwunderbarste Einheit und Harmonie bilden, schweifen meine Gedanken in die Urwelt, wo die Götter wahrhaftig nahe sind. Ich kann mir keinen Ort denken, wo Stille und heitere Festlichkeit so miteinander verbunden sind, dass man nicht nur jedes für sich, sondern eins im anderen zu empfinden glaubt. Für mich bedeutet Elmau immer auch geistige Anregung, nicht durch Geselligkeit, sondern durch Erde und Stille und Himmel und Stille, die man dort so leicht schaffen und bewahren kann.«

Obwohl Johannes Müller Vorbehalte gegen die seiner Ansicht nach zu leicht korrumpierbare Macht der Parteien in einer parlamentarischen Demokratie westlichen Typus hatte, unterstützte er wie von Harnack und Troeltsch die Weimarer Republik, die Sozialdemokratie und die Wahl Friedrich Eberts zum Reichspräsidenten. Rathenau wollte Johannes Müller, der die Tageszeitung seine Bibel nannte, wegen seiner großen Bekanntheit und seines hohen moralischen Ansehens im Bildungsbürgertum sogar in die Regierung holen.

Nachdem seine Hoffnung auf Wilson im Vertrag von Versailles enttäuscht wurde, wollte Johannes Müller in dem selbst verschuldeten Zusammenbruch Deutschlands und seiner aussichtslosen Lage eine Strafe Gottes für den Egoismus und Nationalismus seiner politischen Eliten sehen. Die Erniedrigung Deutschlands sei jedoch eine Chance für die Wiedergeburt eines bedürfnis- und ichlosen und deshalb moralisch überlegenen deutschen Volkes als des auserwählten Volkes Gottes. Dieses Deutschland sollte anderen Völkern Europas als Vorbild dienen und gleichberechtigter Teil der »Vereinigten Staaten von Europa« mit einem von allen Europäern gewählten Präsidenten werden. Sein politisches Ideal war eine sozialistische Volksgemeinschaft mit einer demokratisch gewählten Allparteienregierung unter der Führung genialer Staatsmänner, welche die Versklavung der Menschen durch den angelsächsischen Kapitalismus und bolschewistischen Kollektivismus beenden und allen Völkern ein selbstbestimmtes, menschenwürdiges Leben ermöglichen sollte.

Angesichts der zunehmenden Arbeitslosigkeit und Verarmung prangerte er das Versagen des Bürgertums, der Sozialdemokratie und der parlamentarischen Parteiendemokratie ebenso wie den reaktionären Nationalismus der All-Deutschen und der Nationalsozialisten an. Er forderte fortan die Diktatur des Proletariats in einer ständischen, sozialistischen Räterepublik mit genialen Führern wie Lenin oder Trotzki. Der Kommunismus in Russland sei nur an dem antiorganischen, mechanischen Kollektivismus des Bolschewismus gescheitert. Im wahren Kommunismus würde jedoch gelten: »Was mir gehört, gehört auch dir, aber was dir gehört, gehört nicht automatisch mir.« Er fürchtete allerdings, dass der »dämonische Kapitalismus« so mächtig sei, dass er auch seine Überwinder nach kurzer Zeit beherrschen würde.

Johannes Müller vermied es zeitlebens, sein Ideal einer theozentrischen »Wesenskultur« und Feinbild einer egozentrischen »jüdisch-christlichen Bewusstseinskultur« bestimmten Ethnien wie Juden oder Deutschen dauerhaft zuzuschreiben. Die Deutschen hätten es seiner Ansicht nach ohne die Juden gar nicht so weit gebracht. Sie müssten ihnen daher dankbar sein. Es ginge ihm dabei nicht um das »alte Israel oder das Neue Testament«, sondern um das, »was sie im Laufe der letzten dreihundert Jahre für Deutschland geleistet haben«. Er habe seit 40 Jahren über die Lösung der Judenfrage nachgedacht und ganz andere Kenntnisse als die Antisemiten, die Juden ob ihrer Antipathie nie begegnet seien. Dass er die Juden liebe, sei Ergebnis seiner Lebenserfahrung. Je höher die Welle des Antisemitismus schlage, der auch in sublimierter Form immer nur grobschlächtig sein könne, desto mehr fühle er sich verpflichtet, Zeugnis davon abzulegen. Seine Liebe zu den Juden komme hauptsächlich daher, dass er unter ihnen noch das finde, was er einen »messianischen Instinkt« nennen würde, ein »tiefes Gefühl dafür, dass die Lösung des Menschheitsproblems noch aussteht, dass einmal so etwas wie eine Zeit der Vollendung, eine messianische Zeit kommen muss«.

Im April 1933 wollte Johannes Müller – völlig überraschend für seine entsetzten jüdischen Anhänger und engsten Freunde – trotz seiner öffentlichen Kritik am Antisemitismus ausgerechnet in Hitler, den er bis dahin total ignoriert hatte, plötzlich ein »Werkzeug in Gottes Hand« und den Führer der von ihm herbeigesehnten »Nationalen Revolution des Gemeinnutzes über den Eigennutz« (»Ich bin nichts, das Volk ist alles«) in einer Volksgemeinschaft des »brüderlichen Füreinanderdaseins« sehen. Er rechtfertigte seinen Sinneswandel mit der Begründung, dass man einen gottgesandten Führer nur daran erkennen könne, dass dieser Wunschvorstellungen gerade nicht entspreche. Die unerwartete Machtübergabe an Hitler könne er sich deshalb nur als gottgewolltes Schicksal erklären.

Da er jedoch gleichzeitig im April den Antisemitismus und Biologismus der Nationalsozialisten öffentlich als »Schande für Deutschland« kritisierte, die ihm »Schamesröte ins Gesicht treibe«, und auf die Mitwirkung der deutschen Juden als der besseren Deutschen an der »Nationalen Revolution« des Gemeinnutzes über den Eigennutz pochte, weil diese ohne den »messianischen Instinkt« der Juden nicht gelingen könne, und auch noch dem orthodoxen Judentum für das Festhalten an seinen Traditionen trotz Verfolgung größten Respekt zollte, geriet er als »Judenfreund« ins Visier des Propagandaministeriums und einer Hetzkampagne der bayerischen Provinzpresse. Seine sofortige Verhaftung unterblieb lediglich, weil die Bayerische Staatskanzlei Goebbels davon überzeugen konnte, dass sein Eintreten für die deutschen Juden sein Bekenntnis zu Hitler moralisch aufwerte und daher den Nationalsozialisten mehr nütze als schade. Fortan durfte er nur noch seine Erinnerungen bis zum Jahr 1933 veröffentlichen (*Gegen den Strom*).

1935 unterblieb die von der Universität Leipzig betriebene Aberkennung seines Doktortitels nur aufgrund einer Intervention des Philosophen Hans-Georg Gadamer.

Ab 1935 wurden ihm öffentliche Vorträge untersagt. Ständige Verhöre bei der Gestapo in Garmisch, zunehmende Einschüchterungen und Einschränkungen seiner publizistischen Tätigkeit ließen ihn jedoch auch danach nicht an seinem Glauben an Hitler zweifeln. Schloss Elmau wurde allerdings dennoch nicht zu einem bevorzugten Hotel der Funktionseliten des Nationalsozialismus oder der Deutschen Christen und galt anders als die allermeisten deutschen Ferienhotels und Seebäder nicht als antisemitisch.

Der Hitlergruß blieb in Schloss Elmau verboten. Auf die Frage eines Gastes, warum dies so sei, antwortete er: »Weil ich auf der Elmau überhaupt nichts einführe. Wir haben den Ausdruck der Volksgemeinschaft hier nicht nötig. Sie besteht hier schon seit 20 Jahren, wo die Hausdiener mittanzen und die Kutscher ebenfalls. Das fortwährende Gewedel mit dem Arm. Elmau steht auf dem Boden der Freiheit und des schöpferischen Selbst. Sie dürfen mir nicht verdenken, dass ich keine Äußerlichkeiten pflege, weil es eigentlich niemand tut. Es wäre schade, wenn Oberbayern sein ›Grüß Gott‹ aufgibt, das gehört zu der Gemeinschaft hier oben.«

Johannes Müller wollte in Elmau keine politischen Diskussionen und vor allem keine Kritik an Hitler dulden, weil dies die Gemeinschaft und den Frieden seiner Gäste stören würde. Dies führte 1935 wahrscheinlich auch zum Bruch mit Carlo Sattler, dem Bruder seiner Frau Irene, die Bildhauerin war und mit dem Nationalsozialismus sympathisiert haben soll. Viele Juden, wie etwa auch die zweite Frau von Carlo Sattler, die Jüdin war, kamen allerdings weiterhin bis 1942 nach Schloss Elmau.

1936 antwortete er in einem Vortrag in Schloss Elmau auf die Frage, wie er sein Eintreten für Hitler mit seiner Kritik am Antisemitismus der Nationalsozialisten vereinbaren könne, dass der Antisemitismus der Nationalsozialisten ihn zwar daran gehindert habe, Parteimitglied zu werden, weil er seit Jahrzehnten mit Juden vertraut und befreundet sei und sie als »edelste Vertreter des geistigen Adels« schätze, er jedoch wie auch einige seiner bereits emigrierten jüdischen Freunde wegen der wider Erwarten von Hitler in Gang gesetzten Nationalen Revolution des Gemeinsinns über den Eigensinn in diesem den Retter des deutschen und jüdischen Volkes sehen könne.

Im gleichen Jahr hatte Müller seiner Anhängerin Lily Rosenfeld empfohlen, ihren Namen zu ändern, um sich vor der antisemitischen Hetze zu schützen, was sie jedoch empört zurückwies: »Glauben Sie, wer mir als Lily Rosenfeld als Jüdin Achtung verweigert, dem könnte ich mit einem anderen Namen Vertrauen entgegenbringen?« Rosenfelds hatten Johannes Müller seit seiner Zeit in Schloss Mainberg bis 1939 regelmäßig mehrfach im Jahr besucht, wohnten in seinem Haus und zählten zu seinen engsten Freunden. Sie konnten sich aufgrund einer rechtzeitigen Warnung durch den Nürnberger Polizeipräsidenten, mit dem sie befreundet waren, in buchstäblich letzter Minute ihrer Verhaftung entziehen.

1938 sah er in dem Anschluss Österreichs und der friedlichen

Besetzung des Sudetenlands eine Bestätigung der Politik Hitlers und des Nationalsozialismus. Sie seien Vorboten der »Entthronung des Egoismus«. Wer von der »Seuche des Egoismus« befallen sei, würde »ausgemerzt«. Der Sinn des Lebens sei zu dienen und sich zu opfern. Zivilisation sei Niedergang und führe zum Untergang der Kultur. »Wenn Blut und Boden die Grundlage der Existenz sind, dann müssen eben das Blut und der Boden gereinigt werden« und dies würde nicht von selbst, sondern müsse mit Gewalt geschehen.

Ab 1939 ließ Müller seine Kinder und Enkel bis Kriegsende von dem aus dem KZ Zwickau entlassenen KP-Funktionär Fritz Richter privat unterrichten und vertraute diesem auch die Verwaltung seines Archivs an. Der letzte Brief von Inge Rosenfeld, einer Tochter von Lily, für die Johannes Müller wie ein Vater war, wurde von ihm aus unerklärlichen Gründen nicht mehr beantwortet. Die überstürzte Flucht führte Teile der Familie nach England, Schweden und über Shanghai nach Amerika.

1940 ereiferte er sich nach der überraschenden Aufhebung seines öffentlichen Vortragsverbotes über den von ihm verhassten Kapitalismus, der als »dämonische Gewalt« und »alter, hässlicher Feind der Menschheit«, aus »Gier und Herrschsucht« dem »entwicklungsunfähigen und gewissenlosen England« befohlen habe, sich angesichts der Bedrohung durch Deutschland mit dem »Ewigen Juden« zu verbinden, um Deutschland als »Land der Verheißung zu zerstören«.

1941 veröffentlichte er einen Aufsatz, in dem er die Griechen zum »zweiten auserwählten Volk« neben den Juden erklärte und den »Ichkrampf« und die »Wesenlosigkeit« der »jüdisch-christlichen Bewusstseinskultur« ebenso wie schon 1934 den »mythologischen Rausch« der deutsch-völkischen Bewegung kritisierte (in »Grüne Blätter – Zeitschrift für persönliche und allgemeine Lebensfragen«). Daraufhin wurden ihm weitere Veröffentlichungen durch Stopp der Papierzuteilung endgültig unmöglich gemacht.

1942 sah sich Johannes Müller genötigt, mit Hilfe von Generalmajor i.G. Dietrich Beelitz das Schloss als Erholungsheim für Fronturlauber an das Oberkommando des Heeres unter General Fritz Fromm zu verpachten, um die sowohl von Göring als auch von Himmler betriebene Beschlagnahmung von Schloss Elmau für die SS in letzter Minute zu verhindern. Generalmajor i.G. Dietrich Beelitz erzählte mir, dass Johannes Müller vor den Fronturlaubern – darunter auch Claus Schenk Graf von Stauffenberg und Mitglieder der Weißen Rose – noch bis 1943 Vorträge gehalten hat, in denen er gleichzeitig von seiner Hoffnung auf den Endsieg Deutschlands und den unverzichtbaren Beitrag der deutschen Juden zur deutschen Kultur sprach, ohne deshalb von der Gestapo sofort verhaftet zu werden. Von Beelitz' Hinweise auf die Vernichtung der Juden an der Ostfront habe er als Gräuelpropaganda zurückgewiesen.

1943 forderte der Kommandant des KZ Sachsenhausen per Eilmeldung seine Verhaftung »wegen schwerer Zersetzungsarbeit unter dem Deckmantel des Biedermannes«, nachdem sich ein Gefangener im Verhör auf Müller berufen hatte. Wegen seiner großen Bekanntheit wurde dies durch eine Intervention von höherer Stelle verhindert. Laut Harald Haury könnte diese vermutlich von Reichsinnenminister Wilhelm Frick ausgegangen sein, der zwar selbst nie in Elmau gewesen war, aber wohl Verwandte hatte, die Johannes Müller schätzten. Im April fiel sein für die Nachfolge vorgesehener Sohn Dieter in der Südukraine. Im gleichen Jahr versteckte Johannes Müller nur mit Wissen meiner Mutter eine Jüdin in seinem Privathaus, die er als Kindermädchen für meine älteste Schwester Thurid engagiert hatte.

1944 wurde das Schloss von der Wehrmacht in ein Lazarett

umgewandelt. Johannes Müller wurden weitere Vorträge im Schloss verboten und er wurde im Müllerhaus unter Hausarrest gestellt. Im Oktober 1944 fiel sein jüngster Sohn Wolfgang an der Lapplandfront.

Die Mitbegründer der Widerstandsgruppe »Weiße Rose«, Christoph Probst und Alexander Schmorell, waren seit den 30er-Jahren regelmäßig in Schloss Elmau zu Gast und mit der jüngsten Tochter von Johannes Müller befreundet. Schmorell wollte sich auf der Flucht von München auf dem Weg nach Innsbruck in Klais mit einer Freundin treffen, die ihn zu einem Lager russischer Gefangener nach Innsbruck bringen sollte. Nachdem diese den Zug verpasst hatte, wollte er sich bei einem russischen Zwangsarbeiter im Gut Elmau verstecken. Sein Versuch, Kontakt mit Ingrid aufzunehmen, wurde jedoch von deren Ehemann Dr. Mesirca wegen einer angeblichen Grippe von Ingrid verhindert.

Die Gestapo ließ ihn von der Mittenwalder Polizei in Elmau suchen, nachdem sie möglicherweise durch das Abhören eines Telefongesprächs von Schmorell mit der Frau von Christoph Probst seinen Standort lokalisiert hatte. Wilhelm Richardsen, Schwiegersohn von Johannes Müller und Verwalter von Gut Elmau, hatte Schmorell gegenüber der Mittenwalder Polizei identifiziert, der sich jedoch durch Vorlage eines falschen Passes der sofortigen Verhaftung in Elmau entziehen und zurück nach München fliehen konnte. Hier wurde er von einer Freundin in einem Luftschutzbunker verraten, von der SS verhaftet und im zweiten Prozess gegen die Weiße Rose von Freissler zum Tode verurteilt und am 13. Juli mit dem Fallbeil hingerichtet.

1945 wurde Schloss Elmau unmittelbar nach Kriegsende von der US-Armee beschlagnahmt und als Gefangenenlager für die Insassen des Wehrmachtlazaretts und anschließend als Winterkampfschule genutzt.

AUS SICHT EINES DEUTSCHEN JUDEN 1932

Der nachstehend abgedruckte Vortrag von Martin Cramer aus dem Jahr 1932 wurde mir 2008 von Rachel Salamander auf Wunsch seines Sohnes Ernst Cramer, des ehemaligen Vorstandsvorsitzenden der Axel Springer Stiftung, zur Verfügung gestellt. Sein Vater hat diesen Vortrag 1932 vor der jüdischen Loge in Augsburg gehalten. Er hatte Schloss Elmau mit seiner Familie bis zum Jahr 1935 regelmäßig besucht, als ihm nach Aussage von Ernst Cramer von der Hoteldirektion völlig überraschend mitgeteilt wurde, dass weitere Besuche unerwünscht seien. Seine Verehrung von und Enttäuschung über Johannes Müller war nicht zu überbieten und zeigt, wie auch die Geschichte von anderen, dass nicht jeder seiner Bewunderer zum Befürworter Hitlers werden musste.

Martin Cramer, seine Frau und ein Bruder von Ernst Cramer wurden in Auschwitz ermordet. Ernst Cramer war selber rechtzeitig in die USA ausgewandert. Unmittelbar nach dem Krieg besuchte er Schloss Elmau als amerikanischer Soldat, lehnte jedoch eine Einladung von Johannes Müller in sein Privathaus mit der Begründung ab, dass er Schloss Elmau nie wieder betreten wolle.

Allerdings schickte er Anfang der 50er-Jahre seinen Freund Carl Weis nach Schloss Elmau, um herauszufinden, ob dort in der Familie und bei den Gästen Nazis oder antisemitische Haltungen anzutreffen seien, was dieser für ihn überraschenderweise nicht bestätigen konnte.

Die seit 1997 eingetretenen Veränderungen waren Ernst Cramer nicht verborgen geblieben. Dennoch hatte er noch 2001 eine Einladung zur Geburtstagsfeier von Rachel Salamander mit Hinweis auf die Geschichte seiner Familie in Schloss Elmau abgelehnt. Ich bin Ernst Cramer mehrmals in Berlin bei Veranstaltungen im Springerhaus persönlich begegnet und hatte ihm die von mir geschriebene Geschichte von Schloss Elmau gegeben. Im August 2009 buchte er völlig überraschend einen längeren Urlaub in Schloss Elmau, auch um mit mir das von ihm als Kind so geliebte Königshaus von König Ludwig II. am Schachen noch einmal zu besuchen. Leider musste er jedoch einen Tag vor seiner Anreise wegen des plötzlichen Todes seiner Frau absagen und war danach gesundheitlich nicht mehr in der Lage, Schloss Elmau noch einmal zu besuchen.

SCHLOSS ELMAU 1932
(MARTIN CRAMER)

An der kleinen Station Klais der Bahn, die von Garmisch-Partenkirchen über Mittenwald nach Innsbruck führt, der höchsten Bahnstation Deutschlands, wartet ein Schlitten. Wir fahren durch ein winterliches Tal bergeinwärts, tief verschneite Tannen zur Seite, deren Äste mit ihren weißen Lasten sich zur Erde strecken. Zuweilen öffnet sich ein seitlicher Ausblick: Das entfernte Gebirge ragt mit seiner weichen Schneehülle oder mit seinem harten, scharfen, grauen oder gelblichen Fels in die Winterbläue des Himmels und die blendende Schneesonne. Einmal kommt ein ochsenbespannter Holzschlitten den schmalen, sich am Hang hinziehenden Fahrweg entgegen.

Das Ausweichen ist schwierig: Weit müssen beide Schlitten in den seitlichen, den Weg begleitenden Schneewall hineinfahren, um aneinander vorbeizukommen. Nun öffnet sich das Tal auf eine weite, weiße Lichtung, die von niederen bewaldeten und fernen hohen Felsbergen umringt ist. Eine Erdstufe, in der der Talboden etwas abfällt, teilt die unbewaldete, mit Heustadeln und einzelnen Bäumen bestandene Ebene oder leicht gewellte Fläche. Auf dem Rand der abstürzenden Bodenwelle erhebt sich mit seinem spitzen Turm ein mächtiges, weit hingelagertes Gebäudeviereck. Man glaubt, eine alte, behaglich ausgedehnte, sich in ihren dicken Mauern wärmende Klostersiedlung vor sich zu haben. Wir sind angelangt vor dem Schloss Elmau, der großzügigen Gründung Dr. Johannes Müllers, des Reformators und Anregers, dessen lebendigem Wort wir die Erschließung ihrer Innerlichkeit, die Hinwendung auf das Lebenswesentliche verdanken.

Der Weg, der von den waldigen Hängen frei auf die sonnigen, da und dort von Gattern durchschnittenen Schneewiesen tritt, zieht sich geschlängelt die Bodenwelle hinauf, der Schlitten hält vor dem Pfeilervorbau des Schlosses. Während der ländliche Kutscher das Gepäck in das Schloss hineinbringt, haben wir Gelegenheit, uns schon ein wenig umzusehen. Wenn man die große Halle, aus der das Treppenhaus aufsteigt, betritt – rechts und links die schweren, sockellosen Säulen aus braunem bayerischem Marmor, die das weiße Gewölbe tragen – und die breiten Flure sich nach den Seiten entfernen sieht, empfindet man sofort ein Wesentliches dieses Baues, das gleichzeitig ein Wesentliches seines

Gründers andeutet, nämlich die Großräumigkeit der ganzen Anlage, die dem modernen, an äußerste Raumausnützung, Raumersparnis gewöhnten Menschen fast unwahrscheinlich vorkommt und die doch reiner Wert ist.

Das Wort des Dichters Konrad [sic!] Ferdinand Meyer »Genug ist nicht genug« könnte in die Wand dieser ersten Halle eingemeißelt sein oder eine spätere Zeile desselben Gedichtes: »Das Herz, auch es bedarf des Überflusses«. Denn erst wenn das Leben schenkend unbedingt über das Lebensnotwendige hinausgeht, erweckt es Freude und Dank in der Seele. Erst der Lebensraum erzeugt das tiefe Wohlgefühl, das aus dem Dasein fließen kann, der nicht nur sichtlich für des Menschen praktische Zwecke da ist, sondern so, als wäre er allein um seiner selbst willen vorhanden, den Menschen immer mit Fülle und Weite umgibt, durch seine die Seele lösende Dehnung alle Enge von ihm nimmt und in ihm das Gefühl der Unbegrenztheit wachruft. Irgendjemand hat einmal gesagt: »Unsere Eindrücke sind für die Grundstimmung der Seele wichtiger als unsere Gedanken.« Dies ist unzweifelhaft richtig.

Das schöne, von Goethe in seinem Haus am Weimarer Frauenplatz eingebaute, weit alle Nützlichkeitsanforderungen überholende Treppenhaus (jedem Besucher dieser Weihestätte des Deutschtums bekannte Örtlichkeit) ist wohl auch in diesem Sinne für die Seele gebaut worden. Für seine vielen Freunde hat Dr. Müller ohne Zweifel hier eine Stätte geschaffen, an der mehr noch als im früheren Schloss Mainberg die Anregung und die Gemeinschaft erzielt werden können, die Besucher ersehnen.

Die ersten Eindrücke von der Großzügigkeit, die hier waltet, wiederholen und vertiefen sich täglich, wenn man einige Zeit in Elmau wohnt, wenn man durch die langen, breiten Flure über die sanft absteigenden, geländerten Treppen zu den gemeinsamen Mahlzeiten geht oder des Abends einsam wie durch Klosterkorridore sein Zimmer aufsucht. Nicht nur das Landschaftsbild, das in großen Fenstern steht und nach allen vier Himmelsgegenden tief und lebendig ist, mag es nun freundlich an die weite Siedlungslichtung herantretende Waldberge oder die fernen Gipfel von Alp- und Zugspitze zeigen, auch die mit Geschmack ausgewählten und zusammengestellten guten Möbel erheben diesen Raum über die gleichgültige Bequemlichkeit moderner Hotelzimmer, verleihen ihm die Wohnlichkeit eigenen Raumes, der sich für die Aufenthaltszeit von seinem Bewohner beseelen lässt. Der durch den davor gelagerten Flurraum und die tiefe Doppeltür gleichzeitig etwas von einer behaglichen Mönchszelle hat, in der sich Geist und Gemüt sammeln, in der sich der verquälte Mensch in Verbindung mit dem geistigen Wert von Elmau finden, lösen und befreien kann.

Wenn ich von einer Mönchszelle sprach, so ist es auch naheliegend, dass sich in Elmau der Vergleich mit Klöstern und klösterlichen Einrichtungen unwillkürlich aufdrängt. Vielleicht ist Elmau in seinem Wesentlichen und seinem Besten etwas wie ein weltliches Kloster. Freilich müssen wir, wenn wir an diesem Begriffe festhalten wollen, wegnehmen, was an geistlichen Stiften haftet. Denn wir denken bei den Klöstern vor allem an Abschließung von der Welt, Büßung, Entsagung und erst dann an Frieden, Verinnerlichung, Sichselbstfinden und Gottfinden. Wir denken zuerst an den schweren Weg und dann erst an das lockende Ziel. In dem weltlichen Kloster Elmau ist nichts von Entsagung und Büßung, wohl aber ist dort Friede und Verinnerlichung.

Es teilt mit den Klöstern die Entrückung des Menschen aus dem Alltag, aus seinen täglichen Mühen und Sorgen. Es sind alle willkommen, die ausruhen und frische Kräfte sammeln, die sich nach schweren Schicksalsschlägen wieder aufrichten und neuen Lebensmut gewinnen, die einmal des Zwangs der Verhältnisse ledig Mensch unter Menschen sein, die ihre Umgebung, ihren Gewohnheiten und Verpflichtungen entrückt in der Führung mit der Natur zu sich selbst kommen, Sammlung, Klärung und Lebensfreudigkeit gewinnen wollen. Zur Erlangung dieser Zwecke wirkt Elmau mit leiseren, liebenswürdigeren, unaufdringlicheren Mitteln, als es Klöster tun mögen. Es lässt vor allem die große Natur wirken, von der man sich in Elmau ganz umschlossen fühlt, die durch alle Türen und Fenster hineinsieht und den Gast wieder die mächtigen urtümlichen Gefühle und Empfindungen lehrt, die er in den engen Städten längst vergaß. Das könnte vielleicht jeder andere Landaufenthalt auch. Aber hier wird diese Wirkung, die sonst dem Zurückgekehrten leicht verfliegt, weise unterstützt und dauernd gemacht, dadurch, dass sie nicht in Einsamkeit, sondern in einer wohltuenden, harmlos-geselligen, geistig und seelisch angeregten Gemeinsamkeit erlebt wird, die sie in nahe und bleibende Beziehung zu unserem Dasein in der menschlichen Gesellschaft rückt und diese Gesellschaft gleichzeitig wandelt, indem sie sie mit Natur erfüllt.

Man fühlt plötzlich, dass in Elmau etwas Vorbildliches geschieht und dass wir überall, wo wir sind in der Welt, uns ein Stück Elmau schaffen könnten, wenn wir nur das Große, Allgemeine, Natur- und Lebensganze bewusst als Hintergrund um das Alltäglich-Kleine stellen, wie in Elmau die Schneegipfel und steinernen Schattenwände um die kleine Menschensiedlung stehen.

Johannes Müller sucht in Vorträgen und Besprechungen die Wege zu einem quellenden, gelingenden, fruchtbaren Leben und zu schöpferischer Entfaltung des menschlichen Wesens zu zeigen. Er geht auf die persönlichen und allgemeinen Lebensfragen, die von den Gästen aufgeworfen werden, ein, um zu ihrer Klärung beizutragen, und versucht aus der Einseitigkeit und Beschränktheit herkömmlicher Vorurteile und Begriffe zur Führung mit der Wirklichkeit zu führen. Denn es werden hier nicht fertige Ergebnisse übermittelt und es ist von vornherein falsch zu glauben, dass man in Elmau unbedingt das Heilmittel für eine leidende Seele finden müsste.

Es soll vielmehr gezeigt werden, wie jeder selbst in seiner Weise aufgrund eigener Erlebnisse aus dem Wahn zur Wahrheit, aus der Lebensschwäche zur Lebensmacht, aus dem Versagen zur Erfüllung seiner Bestimmungen kommen kann. Darum sind die suchenden Menschen jeder Richtung und Herkunft in Elmau immer willkommen gewesen. Fanatiker aber, die etwa durch Propaganda anderen eine allein wahre Anschauung beibringen wollen, sind ebenso ausgeschlossen wie rein äußerlich gerichtete Menschen, diese werden Elmau nie verstehen.

In den täglichen Fragebeantwortungen und sonntäglichen Ansprachen, zu denen Müller seine Gäste versammelt, spricht er das geleitende Wort zu diesem Erleben, macht es bewusst und befestigt es. Nichts von Dogma, nichts von Gedankenzwang, kein bestimmter Glaube waltet da – nur eine beseligende und aufrichtende Positivität. Es wollte mir bei diesen Vorträgen oft scheinen, als beabsichtigte Müller nur die guten Worte, in denen das Heil beschlossen liegt, einmal mit Durchdrungenheit auszusprechen. Sein unerschütterlicher Glaube an das Gute und Schöne geht damit in seine zuhörenden Gäste über und wird in denen allmählich zu ein wenig Willen, in demselben Sinne an dem Leben zu bauen und es auf der Erde vollkommener werden zu lassen.

In der Rückkehrlosigkeit liegt das Geheimnis der religiösen Klöster. Der Sinn dieses weltlichen Klosters ist es im Gegenteil, die Menschen zur Rückkehr ins Alltägliche reicher, kräftiger, innerlicher zu machen, das Seelengut, das sie gewinnen, nicht selbstgenießerisch abzuschließen, sondern ins Leben tragen zu lassen, dass es fortwirke.

Es ist auch oft die Frage aufgeworfen worden, ob Elmau auch für Kranke bestimmt sei, der ganzen Einrichtung nach kommt das Schloss für Kranke, die noch ärztliche Behandlung und besondere Pflege brauchen, nicht in Betracht, was aber nicht ausschließt, dass Leidende überhaupt nicht aufgenommen werden können.

Man hofft in Elmau für sie nicht nur auf die heilende Kraft der klimatischen Faktoren, die sich schon für viele in wunderbarer Weise bewährt haben, sondern auch auf den Einfluss des Elmauer Lebens. Dazu ist es aber nötig, dass die Leidenden sich den heilenden Kräften der Natur und der gesunden Menschen aufschließen, statt sich als Kranke zur Geltung zu bringen. Wer in diesem Sinne aufrichtig gesund werden will, ist in Elmau willkommen.

Der Frühling beginnt schon im März an den Südhängen, während das Tal und die Höhenzüge, die es von der Wettersteinwand trennen und die schneebedeckt sind, erst im Laufe des April, ja in höheren Lagen später erst schneefrei werden. Der Mai breitet blaue Enzianschleier über das erste Grün der Wiesen, unter dem dann, während Ahorn und Buchen sich belauben, die ganze Pracht und Herrlichkeit der Gebirgsflora in ihren glühenden, dunklen Farben sich entfaltet und bis Mitte Juni ihren Höhepunkt erreicht. Das ganze Tal und die Hänge um und um sind dann mit einem Blütenteppich bedeckt. Deshalb sind Mai und Juni, durch lange Tage, viel Sonne und Wärme ausgezeichnet, vor allem solchen Besuchern des Schlosses zu empfehlen, die Freude an der blühenden Natur haben, sich gerne im Luft- und Wasserbad des nahen Sees erholen, schöne Spaziergänge und Touren in den Vorbergen machen, während die eigentlichen Hochtouren erst für die späteren Monate in Frage kommen, weil erst dann der Schnee in der Höhe über 2000 m verschwunden ist.

Der Herbst beginnt Mitte September, aber infolge der starken Höhensonne ist es noch bis in den November hinein so warm, dass bis Ende Oktober noch gebadet werden kann. Der Winter zeichnet sich durch beständiges Wetter aus und die Sonnenstrahlen gewinnen durch die Reflexwirkung der Schneeflächen eine ganz erstaunliche Kraft. Alle klimatischen Heilfaktoren sind im

Winter noch gesteigert und das tief verschneite Hochgebirge ist in der märchenhaften Unberührtheit der Elmau etwas ganz Einzigartiges.

Habe ich nun versucht, gewissermaßen den geistigen und äußerlichen Rahmen darzustellen, in dem sich das Leben von Elmau bewegt, so möchte ich nun kurz verständlich machen, wie sich der praktische Alltag im Schloss abspielt. Ich weiß, dass ich bei dieser Darstellung nicht um einige Ecken von ausgesprochener Baedeker-Haftigkeit herumkomme, aber Sie müssen auch von den objektiven Dingen der Elmau etwas wissen, um ein abgeschlossenes Bild zu bekommen.

Wie schon angedeutet liegt das Schloss frei an einer leicht gewellten Ebene, eingesäumt von den weitab liegenden Bergen. Zimmer befinden sich in allen Himmelsgegenden. Die Preise richten sich nach der Lage, sind nicht billig, aber erschwinglich. Dr. Müller ist immer bereit, für weniger bemittelte Gäste oder ihm nahestehende Personen Ausnahmen zu machen. Das Haus ist im Jahre 1916 eröffnet worden. Es umfasst alle Errungenschaften der Gegenwart. Im Süden sind große Liegehallen vorhanden, fast jedes Zimmer hat Balkon.

Die Mittagstemperatur steigt im Winter auf bis zu 40 Grad [sic!]. Große Gesellschaftsräume stehen den Gästen zur Verfügung, an den Speisesaal schließen sich Bibliothek und Teesaal an, im ersten Stock des Schlosses befinden sich der Vortragssaal und ein großer Tanzsaal. Die häusliche Arbeit – und dies gibt dem Elmauer Leben sein ganz besonderes Gepräge – wird nicht durch bezahltes Dienstpersonal besorgt, sondern durch sogenannte Helferinnen, die als Haustöchter gelten, meist aus den besten Familien stammen und aus Interesse am Ganzen sich in den Dienst des Hauses stellen.

Diese Mädchen haben zwar alle Funktionen wie ein Hotelpersonal zu versehen, aber sie sind doch etwas ganz anderes und werden auch ganz anders respektiert. Es wirkt diese Einrichtung auf das Elmauer Leben stark ein, auch erzieherisch auf die Gäste. Man ist in vielen Dingen gänzlich auf sich selbst gestellt, und es gibt Dinge, die man einer Helferin, weil sie eine Dame ist, gar nicht zumutet. Da man dieses Erziehungsergebnis, wenn ich mich so ausdrücken darf, auch in das profane Leben mit hinausnimmt, wenigstens mir ging es so, so ist auch dies eine der vielen Errungenschaften, die Elmau vermittelt.

Eine Bedienung der Helferin scheidet des Morgens überhaupt ganz aus und man muss sich sein Frühstück an der Ausgabestelle bei der Küche selbst besorgen. Auch daran gewöhnt man sich leicht, schließlich macht diese ungewohnte Tätigkeit sogar Vergnügen. In den darauffolgenden Stunden beschäftigen sich die Gäste von Schloss Elmau ganz nach ihrem Belieben. Im Winter liegen viele in der Sonne, andere betätigen sich mit Skilauf, wieder andere laufen Schlittschuh auf den zwei nahe gelegenen Seen. Sehr viele Gäste sitzen auf ihren Balkonen und vertreiben sich die Zeit mit Lesen und Unterhaltung.

Bei der Mittagstafel – man sitzt täglich an anderen Plätzen, immer an Tischen zu zehnt und es erfolgt dieses immer selbst durch Einzeichnung des Namens in einer Orientierungstafel – befindet sich Dr. Müller mit seiner Familie mitten unter den Gästen. Der Aufwartedienst erfolgt durch die Helferinnen. Es gibt weder Tischdecken noch Servietten. Der leichte Zwang des Gesetztwerdens wirkt zuerst befremdlich, rasch aber gewöhnt man sich an dieses etwas lotteriehafte System, ja, dieses erzeugt sogar eine gewisse Spannung, jedenfalls ist es das beste Mittel, die Gäste miteinander in Verbindung zu bringen und den familienhaften

Charakter im Leben des Schlosses zu vertiefen. Ich persönlich habe dadurch mit zahlreichen und vielfach interessanten Menschen Fühlung gewonnen, die sich hier leicht und frei ausschließen konnten, und habe Einblicke in manches Leben gefunden und Erkenntnisse gewonnen, die mir wohl sonst zeitlebens verschlossen geblieben wären.

Stunden naher oder weiter Spaziergänge allein oder mit diesen Menschen füllen den Nachmittag aus. Bei schlechtem Wetter bietet der Teesalon des Schlosses einen angenehmen Aufenthalt, oder man geht in die nahe Gutswirtschaft, die zum Schloss gehört. Fast täglich von 6 bis 7 Uhr abends finden die sogenannten Fragebeantwortungen durch Dr. Müller statt, von denen ich schon weiter oben hinsichtlich ihrer wesentlichen Bedeutsamkeit sprach. Für mich waren diese Stunden immer das Wertvollste in Elmau, denn bei dieser Frageantwort zeigt sich Müller mehr noch als in seinen Predigten als der wort- und gedankengewandte Seelenarzt, von dieser spontanen Äußerung reifer Lebenserfahrung geht die stärkste Wirkung aus. Hier liegt der eigentliche Geist von Elmau.

Beim Abendessen sitzt man wie mittags. Hat man das Glück, das allerdings selten ist, neben eine hübsche junge Dame zu kommen – es ist ja ein weltliches Kloster –, so möchte man wünschen, dass dies ein Dauerzustand werde. Aber man kann sich ja außerhalb der Mahlzeiten helfen und außerdem ist die Hausdame, die verantwortlich zeichnet für dieses Platzierungsschicksal, bekannt für nicht absolute Unbestechlichkeit. Fast an allen Abenden folgen der Mahlzeit musikalische Darbietungen und Vorträge, die meist auf hoher Stufe stehen. Es gibt sich ja fast immer, dass unter den Gästen des Schlosses namhafte Persönlichkeiten aus dem Reiche der Musik oder der Wissenschaft sich befinden. Denn der Kreis der Anhänger von Schloss Elmau ist erstaunlich groß und umfasst Menschen aus allen Schichten, hinauf bis zu den größten Namen. Aber wenn sie Gäste des Schlosses sind, sind sie alle Elmauer. – Und unwillkürlich müssen wir uns hier an den Geist und die Grundsätze erinnern, die in unseren Bauhütten walten, wie überhaupt auch sonst viele Anklänge an unser maurerisches Leben zu finden sind.

Trotzdem aber mag die objektive Kritik dahingehend erlaubt sein, da auch an dieser Stätte wie überall in der Welt nicht alles so ist, wie man es sich vollkommen wünschen möchte, dass manches zu Schlossklatsch, auch zu Satire und Spott herausfordert.

(Ich werde nachher einige Sätze aus Tagebuchaufschreibungen vorlesen, die dies verdeutlichen.) Immerhin aber überragt selbstredend die unbedingte Selbsthaftigkeit des gesamten Lebens von Elmau. Ich weiß, dass alle diese Worte das Erlebnis von Elmau nur undeutlich umschreiben. Es gibt aber – wie hier bei uns in der Loge – keine klare Verständlichmachung einer Erscheinung, die man erlebt haben muss. Aber eines habe ich mit meinen Ausführungen bezwecken wollen und vielleicht erreicht: Ich wollte Zeugnis ablegen davon, dass Elmau eine Erquickung des Leibes und der Seele ist und dass man wünschen möchte, recht vielen Menschen im Leben zu begegnen, die durch einen Aufenthalt in Elmau hindurchgegangen sind.

ALS ERHOLUNGSHEIM FÜR DISPLACED PERSONS 1946–1951

1946 strengte der bayerische Staatskommissar für rassisch, religiös und politisch Verfolgte, Dr. Philipp Auerbach, ein Spruchkammerverfahren in Garmisch-Partenkirchen gegen Johannes Müller an, dem er »Verherrlichung von Hitler in Wort und Schrift« vorwarf.

Obwohl Johannes Müller kein Parteimitglied und nicht an Kriegshandlungen beteiligt war, wurde er in dem deshalb umstritten gebliebenen Spruchkammerverfahren dennoch als Hauptschuldiger verurteilt, da seine öffentliche Kritik am Antisemitismus paradoxerweise die öffentliche Wirkung seines Eintretens für Hitler verstärkt habe.

Johannes Müller wollte sich nicht verteidigen und bekannte sich zu seinem politischen, nicht jedoch zu seinem theologischen Irrtum, der diesen begründete. Unbeirrt blieb er in seiner Zivilisations- und Kapitalismuskritik befangen und wollte sich in Zukunft lediglich politischer Konkretisierungen enthalten. Er war überzeugt, dass Schloss Elmau auch ohne ihn fortbestehen könne, solange kein Theologe oder Philosoph die Leitung übernehmen und der Service freundlich bleiben würde.

1947 nahm Dr. Auerbach, dem die angestrebte Übereignung zu lange dauerte, das Schloss ohne Rechtstitel in Besitz und betrieb es bis 1951 als Sanatorium für »Displaced Persons«: Überlebende der Shoa füllten Schloss Elmau und fortan wurden jüdische Feiertage gefeiert. Atina Grossmann beschrieb dies in *Gedächtnis und Geschlecht* (2002) und Ernest Landau bereits 1946 in seinem Aufsatz »Purim auf Schloss Elmau«, der mit freundlicher Genehmigung der *Dachauer Hefte* (Heft 24, 2008) als Teil der Geschichte von Schloss Elmau nachfolgend abgedruckt ist.

Die von Dr. Auerbach betriebene Enteignung scheiterte nicht nur wegen juristischer Einwände, sondern auch am Widerstand der Gräfin von Waldersee, die ihren Hälfte-Anteil an Schloss Elmau nicht abgab. Johannes Müllers ältester Sohn Michael, ein Professor der systematischen Theologie, der zum Leidwesen seines Vaters den Deutschen Christen nahestand, hatte Entlastungsmaterial in einer apologetisch verfassten *Elmauer Chronik* zusammengetragen und betrieb mit dem Hoteldirektor und Schwiegersohn von Johannes Müller, Dr. Odoardo Mesirca, sowie dem Rechtsanwalt Dr. Herbert Nath aus München die Aufhebung des Urteils und die Rehabilitierung seines Vaters. Da dieser weder an Kriegshandlungen teilgenommen hatte noch Mitglied der NSDAP war, bot das Gesetz zur Befreiung von Nationalsozialismus und Militarismus formal für seine Verurteilung keine rechtliche Grundlage und das Urteil blieb bis zur Einstellung des Nachlassverfahrens und Rückgabe des Eigentums an seine Erben im Jahr 1960 umstritten.

Am 4. Januar 1949 starb Johannes Müller in Elmau. Als Erben hatte er seinen Sohn Bernhard und aufgrund einer Intervention von Dr. Mesirca und Ruth Bahlsen in letzter Minute auch seine Tochter Sieglinde zu gleichen Teilen eingesetzt. Seine anderen Kinder erbten einen Vermächtnisanspruch gegenüber ihren Geschwistern.

AUS SICHT EINES ÜBERLEBENDEN DER SHOA 1946

Der folgende Text ist ein Nachdruck des Aufsatzes von Ernst Landauer, der in »Texte jüdischen Überlebens«, Dachauer Hefte, 24. Jhrg., 2008, Heft 24 erschienen ist. Im Frühjahr 1945 befreiten die Alliierten 50 000 bis 75 000 jüdische Überlebende aus den Konzentrationslagern in Deutschland und nach den Todesmärschen. Ernst bzw. Ernest, wie er sich später nannte, Landau war einer von ihnen. 1916 in Wien geboren, arbeitete er bis 1938 bei verschiedenen österreichischen Zeitungen, unter anderem bei der Neuen Freien Presse und dem Telegraf. Nach dem »Anschluss« Österreichs floh der Journalist nach Belgien und engagierte sich dort nach der deutschen Besetzung in der Widerstandsbewegung – 1946 verlieh ihm die belgische Regierung dafür das »Croix de Guerre«. Ende 1940 wurde Landau im Konzentrationslager Breendonck inhaftiert. Von dort kam er nach Auschwitz und wurde im Oktober 1943 in das KZ Warschau deportiert. Die Odyssee durch mehrere Konzentrationslager in Polen und Deutschland endete in den Dachauer Außenlagern. In Allach musste er in der Porzellanmanufaktur Zwangsarbeit leisten und von Mühldorf aus wurde Landau zusammen mit anderen Häftlingen am 27. April 1945 in Waggons verladen, um in Richtung Tirol »in eine Werwolfstellung« evakuiert zu werden. Der Transport wurde von amerikanischen Truppen am 1. Mai 1945 bei Feldafing am Starnberger See befreit, nachdem die Befreier den Zug zunächst für einen Wehrmachtransport gehalten und ihn bombardiert hatten. Im März 1946 verfasste Ernest Landau einen Artikel über seine Erlebnisse im Erholungsheim Schloss Elmau anlässlich seines Besuches zum Purim-Fest am 16. März. Nicht nur die Landschaft, sondern vor allem die Unterbringung der TBC-kranken jüdischen DPs, die sich dort etwa zwei Wochen zur Kur aufhielten und auf diese Weise für kurze Zeit der Atmosphäre der überfüllten DP-Lager entfliehen konnten, beeindruckte den Journalisten.

PURIM IN SCHLOSS ELMAU – UM DIE JÜDISCHE ZUKUNFT IN DEUTSCHLAND (ERNST LANDAUER)

Zwischen Garmisch-Partenkirchen und Mittenwald, in einer der landschaftlich schönsten Gegenden Bayerns, liegt Schloss Elmau. Ein Schloss, erbaut von einem Philosophen, das früher den Besitzenden zu Ferien vom Ich verhelfen sollte. Heute ist Schloss Elmau ein Erholungsheim, eingerichtet vom Joint für jüdische DPs.

Unser Auto fährt von Feldafing, dem ersten in Deutschland errichteten jüdischen Lager, nach Garmisch. Von Garmisch weiter nach Klais, einem unscheinbaren Dörfchen. In Klais müssen wir von der Autostraße ab. Man sagt uns, wir würden mit dem Auto nicht weiterkommen. Und richtig: Nach wenigen Hundert Metern bleiben wir im Schnee stecken. Mit Pferden wird der Wagen ins Dorf zurückgebracht.

Wir aber setzen unsere Tour zu Fuß fort. Rund sechs Kilometer haben wir zu gehen. Inmitten einer Landschaft, die aus Nadelwäldern besteht. Von ferne her blinken die Berge im ewigen Schnee. Mit leichtem Glockengeläut fährt ein Schlitten an uns vorbei. Darauf lachende Gesichter, braun gebrannt. Juden. Aber ganz anders sehen sie aus. So eigenartig froh, aufgelöst. Sind das dieselben Menschen, die wir noch vor kurzem im Lager Feldafing gesehen hatten? Sie sind es. Aber sie haben eine Wandlung durchgemacht. Wir setzen unsere Wanderung fort. Auf einer Hügelkuppe sehen wir den Prachtbau des Schlosses vor uns. Noch wenige Schritte und wir stehen in der Halle. Wohltuende Wärme empfängt uns, deren Gesichter rot sind und deren Ohren brennen vom Marsch in schneeiger Luft. Wir treten näher. Junge Menschen, durchwegs gut aussehend, braun gebrannt von der Gebirgssonne, fröhlich, lachend.

Im Nu sind wir umringt und werden herzlich willkommen geheißen. Es ist heute Purim. Purim auf Elmau. Aber es ist ein anderes Purim als das, das wir zu feiern gewöhnt sind. Auch hier wird eine Megilla gelesen. Aber es ist eine andere. Nicht von Esther und nicht von Mordechay ist die Rede, wohl aber von Haman, der hier Hitler heißt, und von Ahasverus, den sie Roosevelt nennen. Die Megilla wird nicht gelesen. Sie wird vorgetragen. Und es ist nicht einer, der sie vorträgt, sondern jeder gibt seinen Teil dazu. Stille herrscht während der Vorträge. Manchmal von einem

Schluchzen unterbrochen. Aber zum Ende ist Jubel. Freilich, auch der Jubel ist anders. Früher war Purim ein Freudenfest und die es feierten, waren nicht unmittelbar Leidende gewesen. Die es jetzt feiern, waren Leidende. Der Jubel ist darum gedämpft. Für die späteren Generationen wird Purim wieder nur ein Freudenfest sein. Wir aber werden uns in diesem Leben schwerlich noch freuen können.

Ich habe hier in Elmau das Schönste gesehen, was ich nach diesen Jahren im KZ sehen konnte. Ich habe den glücklichsten Vater und den glücklichsten Sohn gesehen.

Die Geschichte ist einfach. Unter den zu Purim nach Elmau Gekommenen befand sich ein junger Mensch, der, eben aus dem russisch besetzten Gebiet in München eingetroffen, von Chaplain Abraham Klausner eingeladen worden war, nach Elmau mitzukommen. Und hier in Elmau hat er seinen Vater wiedergefunden. Zum ersten Mal nach sechs Jahren. Gewiss: Das Ganze war nicht unvorbereitet gekommen. In den beim jüdischen Zentralkomitee in München aufliegenden Listen hatte der Neuankömmling nach Namen, Geburtsort und Datum seinen Vater zu erkennen geglaubt. Eine telefonische Rückfrage in Feldafing ergab, dass der Gesuchte sich zur Erholung auf Schloss Elmau befand. Chaplain Klausner, selbst vorbereitet, Purim in Elmau zu verbringen, nahm den jungen Mann in seinem Auto einfach mit. Und so kam es, dass zwei Menschen das schönste Schlachmonesgeschenk erhielten, das man sich denken kann: der eine den Vater, der andere den Sohn.

Soll ich noch etwas über Elmau erzählen? Dann hört: Dr. Henry Heitan, der Chefarzt des Joint in Feldafing, hat dieses Schloss ausfindig gemacht und beschlossen, dort ein Erholungsheim für rekonvaleszente und ruhebedürftige, aus den Konzentrationslagern befreite Juden zu errichten.

Bisher hatten die jüdischen DPs nur in Lagern gelebt. In Zimmern, in denen sie zu 20 und mehr Menschen hausen mussten. Sie schliefen in zwei- bis dreistöckigen Holzbetten, sie aßen an Holztischen ohne Tischtuch und selten bloß mit Messer und Gabel. Begreiflich, dass ihnen das keine Freude bereitet hatte und sie unlustig waren. Begreiflich auch, dass diese Lager selten in sauberem Zustand angetroffen wurden. Man hatte Dr. Heitan gewarnt. Die sauberen Handtücher würden schnell schmutzig werden, die Seife aus den Badezimmern verschwinden. Man würde

Geschirr zerbrechen und es wäre überhaupt schade um ein so schönes Schloss. Dr. Heitan aber hatte seine Theorie. Er meinte, dass nicht die Menschen die Bedingungen schüfen, sondern umgekehrt, die Bedingungen die Menschen. Und er wagte das Experiment.

Ich kam unmittelbar von Feldafing. Wie immer war auch diesmal mein Eindruck dort nicht der beste gewesen. Trotz aller Bemühungen der jüdischen Verwaltung und der UNRRA bot Feldafing äußerlich keinen reizvollen Eindruck. Es war ein Lager mit allen schlechten und deprimierenden Äußerlichkeiten eines solchen.

In Elmau aber kam ich in ein Schloss. Schon äußerlich ein Monumentalbau im gigantischen Ausmaß, war seine Innenausstattung höchst komfortabel. Mit Fliesen ausgelegte Badezimmer, Zentralheizung, ein holzgetäfeltes Gesellschaftszimmer, ein eleganter Speisesaal, in dem die Mahlzeiten auf die Minute pünktlich, gleichmäßig und sauber serviert werden. Man kann nach Belieben essen. Die Speisen sind appetitlich und wohlschmeckend. Qualitativ ausgezeichnet, hergestellt aus den Beständen der UNRRA. Das Gesellschaftsleben ist ruhig, unaufdringlich, höflich. Die Atmosphäre hat alle beeindruckt.

Ich bin durch die frei zugänglichen Zimmer gewandert. Durch den Lesesaal, dessen Bibliothek eifrig frequentiert wird. Leider liegt der Aufbau nur in einem Exemplar auf, das sehr zerlesen ist. Etwas weiter ist das Spielzimmer. Größte Stille, denn es wird Schach gespielt. Aber auch bei den Bridgetischen geht es ruhig zu. Lediglich in einer Ecke ist das Klappern der Würfel zu hören. Ein Stockwerk höher ist der Theatersaal. Er ist in diesem Augenblick leer. Bloß das Orchester probt. »Bei mir bist du schön ...«

Drei Gongschläge. Es ist Jausenzeit. Während ich mich die Treppe hinab in den Speisesaal zurückbegebe, strömen auch schon von allen Seiten die Gäste des Schlosses in den gleichen Raum. Alles geht ruhig vonstatten. Es ist wieder zur Selbstverständlichkeit geworden, einander den Vortritt zu lassen. Galanterie und Liebenswürdigkeit beherrschen das Bild.

Die Tische sind sauber gedeckt. Porzellantassen stehen vor jedem Stuhl, sauberes Essbesteck, eine Serviette. Von einem Tisch zum anderen. Der Hausherr ist auch ein ehemaliger Häftling, den der Joint zum Direktor von Elmau erwählt hat und der sich in der nettesten Weise seiner Schützlinge annimmt. Von Beruf eigentlich Lederindustrieller, hätte es sich Jakob Rosenberg niemals träumen lassen, einmal ein Erholungsheim zu leiten, aber ein Mensch findet sich in alles. Und so ist mein Freund Rosenberg, der mit mir einige Jahre im KZ zusammen war, heute Herr auf einem bayerischen Schloss, der jüdischen Menschen der begehrteste und liebste Aufenthalt ist. Geräuschlos reichen die Angestellten die Speisen, ebenso geräuschlos wird gegessen. Vielen merkt man es an, dass sie sich bemühen müssen, nicht aus dem Rahmen zu fallen, ihr Benehmen dem der übrigen anzugleichen. Und es gelingt ihnen.

Junge Menschen sind es, die als Kinder noch in die Konzentrationslager verbracht wurden, die nicht von ihren Eltern erzogen wurden, sondern ihre Kindheit inmitten brutalster Umwelt und Niedertracht verbringen mussten, hatten sie doch niemals die Gelegenheit gehabt, ein Leben zu führen, das lebenswert gewesen wäre. Sie hatten keine sorgfältige Erziehung genossen. Sie waren nicht liebevoll betreut worden. Ist es ein Wunder, dass solche Menschen sich nicht gleich in ein normales Leben einzufinden vermögen? Wären andere unter gleichen Bedingungen nicht zu Verbrechern geworden? In diesen Menschen aber steckt ein guter Kern, steckt eine jahrtausendealte Sittlichkeit und Ethik. Es ist die Pflicht aller, die von ähnlichem Schicksal verschont geblieben sind, diesen jungen Menschen wieder auf die Bahn zu verhelfen, die zu einem normalen Leben führt. In Elmau geschieht es. Bildung kann man nicht so schnell vermitteln. Takt muss angeboren sein. Aber gutes Benehmen und Umgang mit Menschen – das lehrt die Praxis in Elmau.

Soll ich noch etwas erzählen? 150 Menschen dürfen jeweils 14 Tage hindurch in Elmau verbringen. 150 junge Menschen kehren nach Ablauf dieser Zeit wieder ins Lager zurück. Sie erzählen von Elmau. Sie zehren von Elmau als dem schönsten Erlebnis seit ihrer Befreiung. Aber noch etwas anderes geschieht: Wohin diese Menschen kommen, sie bemühen sich, das Elmauer Leben, das Elmauer Benehmen, die Höflichkeit und die Zuvorkommenheit auch dort zu leben, wo die äußerlichen Umstände es zwar noch schwierig gestalten, wo aber mit gutem Willen noch vieles verbessert werden kann. Und das scheint mit das schönste Resultat von Schloss Elmau zu sein.

ALS KULTURELLE BEGEGNUNGSSTÄTTE 1951–1996

1951 wurde Dr. Auerbach wegen angeblicher Unregelmäßigkeiten in dem vom Generalanwalt geführten Landesamt für Wiedergutmachung verhaftet. Er nahm sich nach seiner Verurteilung 1952 im Gefängnis das Leben. Zwei Jahre später wurde er von einem Untersuchungsausschuss des Bayerischen Landtages in vollem Umfang rehabilitiert. Grund für die Anklage war der in München gerade nach dem Krieg besonders grassierende Antisemitismus. Das Landesamt für Wiedergutmachung bot nach dem Tod von Auerbach den Erben von Johannes Müller aus Sorge vor Schadensersatzklagen die Pacht von Schloss Elmau bis zum Abschluss der Revision an.

Die Kinder von Johannes Müller votierten jedoch wegen jahrelang unterbliebener Renovierungen gegen eine Pacht und für den Verbleib des Schlosses beim Landesamt für Wiedergutmachung zu den alten Bedingungen. Als jedoch der Direktor des Sanatoriums, Taglio, dem Landesamt überraschend ein um 30 Prozent niedrigeres Pachtangebot unterbreitete, entschied sich mein Vater Bernhard gegen das Votum seiner Geschwister, die angebotene Option zur Pacht auszuüben. Er übernahm daraufhin mit seiner Schwester Sieglinde und deren späterem Ehemann Dr. Odoardo Mesirca, der im Testament von Johannes Müller auf Lebenszeit zum Hoteldirektor bestimmt worden war, die Leitung von Schloss Elmau. Obwohl vermeintlich alle Schloss Elmau im Sinne von Johannes Müller weiterführen wollten, kam es zu jahrzehntelangen juristischen Auseinandersetzungen zwischen der Familie meines Vaters auf der einen und der seiner Schwester Sieglinde und ihrem Ehemann Dr. Mesirca auf der anderen Seite.

Die Wiedereröffnung von Schloss Elmau erfolgte zu Weihnachten wegen der schwierigen ökonomischen und technischen Bedingungen anfangs nur mit 60 Zimmern. Dies war nur dank der finanziellen Unterstützung vieler Stammgäste sowie großzügiger Lieferantenkredite möglich. Die offizielle Eröffnung erfolgte mit Vollbelegung im folgenden Jahr an Pfingsten: mit einer Musikwoche unter Mitwirkung von Elly Ney, Wilhelm Kempff und Ludwig Hoelscher. In den folgenden Jahrzehnten galt es wie in Bayreuth, dessen Clan in dieser Zeit über viele Jahre hinweg in Schloss Elmau Urlaub machte, nur noch der Kunst bzw. den Konzerten und Tanzabenden mit klassischer Musik. Die Auseinandersetzung mit der Geschichte war kein Thema. Sie wurde beschwiegen bzw. man tat so, als ob nichts geschehen wäre.

1954 wurde ich in Zimmer 54 von Schloss Elmau geboren. Meine in den Niederlanden in einer calvinistischen Familie geborene Mutter hatte ihre Jugend in einem überwiegend jüdischen Freundeskreis in der vormals holländischen Kolonie auf Curaçao verbracht, wo ihr Vater als Regierungsbeamter arbeitete. Nach der Rückkehr nach Holland las sie zufällig das Buch meines Großvaters *Von der Würde des Menschen* und fuhr daraufhin mitten im Krieg und trotz der Einwände ihrer Familie nach Schloss Elmau, um ihn persönlich kennenzulernen. Sie begegnete dort jedoch als Erstes meinem zufällig anwesenden Vater, der nach einer Verwundung auf Fronturlaub war und sie sofort heiratete. Da sie als junge und starke Frau und Mutter nicht alle Ansichten ihres Schwiegervaters teilen wollte und es sogar wagte, ihm offen und häufig zu widersprechen, und sich ihren ausgeprägten Eigensinn und ihre nüchterne Urteilskraft bewahrte, blieb sie in der Familie bis zur Übernahme von Schloss Elmau durch mich im Jahr 1997 eine Außenseiterin.

Ab 1957 wurde Schloss Elmau zu einem international renommierten Mekka der Kammermusik. Das war vor allem dem Engagement von emigrierten Juden wie dem Dirigenten Hans von Oppenheim und dem legendären Amadeus-Quartett zu verdanken, deren alljährliche Britisch-Deutsche Musikwoche auch zum Winter-Retreat des berühmten englischen Komponisten Benjamin Britten mit seinem Partner, dem Tenor Peter Pears, und zum Treffpunkt einiger der berühmtesten Musiker der Zeit, unter ihnen vor allem Yehudi Menuhin, Emil Gilels, Julian Bream, Aurèle Nicolet, George Malcolm und Wilhelm Kempff, der sich als Hauspianist verstand, wurde. In späteren Jahren kamen u a. Hermann Prey, Friedrich Gulda, Gidon Kremer, Thomas Quasthoff, Yuri Bashmet und Barbara Hendricks. Nach dem Tod Hans von Oppenheims übernahm Sieglinde Mesirca die künstlerische Leitung von Schloss Elmau. Sie hat die einzigartige musische Tradition von Schloss Elmau bis 1996 mit ihrer Persönlichkeit und größtem Erfolg nachhaltig etabliert. Sie wurde hierfür auch mit dem Bundesverdienstkreuz ausgezeichnet. Sie starb am 18. Februar 2009. Ihre Verdienste bleiben unvergessen.

Vereinzelt fanden damals auch Tagungen in Schloss Elmau statt. So besuchte die Gruppe 47 mit Ingeborg Bachmann Schloss Elmau und die Internationale Gesellschaft für Tiefenpsychologie führte unter Leitung von Karlfried Graf Dürckheim und dem

Zenmeister Pater Enomiya-Lassalle Tagungen zu Themen wie »Abendländische Therapie und östliche Weisheit« oder die »Verantwortung der Wissenschaft vor dem Menschen« durch. Diese Veranstaltungen, aber auch Kurse in transzendentaler Meditation von Maharishi Mahesh Yogi, die mein Vater Bernhard Müller-Elmau gemeinsam mit seiner ältesten Tochter Thurid in Indien erlernt hatte, und noch mehr die esoterisch angehauchten, morgendlichen Tanzkurse von Dr. Mesirca oder die Tagungen der Anthroposophen waren allerdings Reizthemen für viele Familienmitglieder und Gäste. Sie sahen darin eine Gefährdung des ideologiefeindlichen Anliegens von Johannes Müller.

Viele bekannte Persönlichkeiten des öffentlichen Lebens wie der ehemalige Bundespräsident Johannes Rau, Loriot und Alexander Kluge besuchten Schloss Elmau seit Ende der 50er-Jahre regelmäßig, oft mehrmals im Jahr. Das ehemalige Schloss Elmau wollte kein Hotel sein, sondern Begegnungsstätte. Die Mitarbeiter – vor allem die Praktikantinnen aus aller Welt, die Helferinnen genannt wurden – lebten im Schloss, konnten in ihrer Freizeit alle öffentlichen Räume nutzen und an den Konzerten und Tanzabenden teilnehmen. Nach Ansicht des berühmten Theologen Prof. Jürgen Moltmann, eines Freundes von Johannes Rau, war Schloss Elmau wegen seines ostentativen Heiligenscheins und der vielen jungen, hübschen Helferinnen wahrscheinlich der einzige Ort auf der Welt, wo fromme Protestanten auch ohne schlechtes Gewissen sündigen konnten. Vielleicht war dies sogar einer der wichtigsten Gründe für den außergewöhnlichen Erfolg von Schloss Elmau ohne Johannes Müller. Es ist aber auch das Verdienst des Hoteldirektors Dr. Odoardo Mesirca, dass Schloss Elmau trotz enormer wirtschaftlicher Herausforderungen über 40 Jahre bis zum Ende des Jahrhunderts wirtschaftlich überleben und im Besitz der Erben und ihren Familien erhalten konnte.

1972 übertrugen Bernhard Müller-Elmau und Sieglinde Mesirca ihre Anteile an Schloss Elmau in eine GmbH, an der beide zu je 50 Prozent als geschäftsführende Gesellschafter beteiligt waren. Das Hotel wurde an eine Betriebsgesellschaft verpachtet, an der auch Dr. Mesirca mit zwei Prozent beteiligt und auf Lebenszeit als Geschäftsführer bestellt wurde. Ein neu gegründeter Beirat aus dem Kreis befreundeter Gäste und Berater sollte allerdings fortan die Geschäftsführung überwachen und unabhängig von den Gesellschaftern nach rein sachlichen Kriterien über die Berufung und Abberufung von zukünftigen Geschäftsführern entscheiden. Dem Beirat gehören heute Dietrich von Boetticher als Vorsitzender sowie Martin T:son Engstroem und Vincent Jaeger-Booth an.

1980 drängte der damalige Beirat auf eine Verjüngung der Geschäftsführung, obwohl Dr. Mesirca im Testament von Dr. Johannes Müller und in der Satzung der Gesellschaft zum alleinigen Direktor auf Lebenszeit bestimmt worden war.

Dr. Mesirca machte mir daraufhin 1981 das Angebot, mich als sein zukünftiger Nachfolger in Schloss Elmau einzuarbeiten, und hat mir wohl nicht uneigennützig die Möglichkeit eingeräumt, neben meiner Tätigkeit in Schloss Elmau vorrangig mein Studium der Philosophie an der Universität München fortzusetzen.

1985 verließ ich Schloss Elmau aufgrund unüberbrückbarer Gegensätze und begann Software für eine Opernagentur und die Warenwirtschaft einer Technologie-Firma sowie schließlich für das Hotel Traube-Tonbach im Schwarzwald zu entwickeln. Nachdem der Verein der Schweizer Hoteliers mein Programm dort entdeckt und allen seinen Mitgliedern als zukünftigen Standard empfohlen hatte, gründete ich Ende 1987 mit Dietrich von Boetticher und Keith Gruen die Fidelio Software GmbH, die mit ihren Produkten Fidelio und Opera innerhalb weniger Jahre zum

Weltmarktführer für Software der internationalen Luxus- und Kettenhotellerie avancierte.

1993 wurde ich wegen meiner Tätigkeit als Geschäftsführer von Fidelio in absentia zur Wahrung des Familienproporzes neben meinem Vater, Dr. Mesirca und meinem Cousin Brigadegeneral a.D. Uwe Richardsen, einem Erben von Sieglinde Mesirca, zu einem von vier Geschäftsführern der Verpächterin von Schloss Elmau gewählt. Uwe Richardsen assistierte zudem Sieglinde Mesirca bei der Planung kultureller Veranstaltungen und Dr. Mesirca in der Leitung des Hotelbetriebes.

ALS CULTURAL HIDEAWAY
1996–2005

1996 verweigerte die Bank mit Hinweis auf das vorgerückte Alter von Dr. Odoardo Mesirca und ungeklärter Nachfolgeregelung der Gesellschaft weitere Kredite für dringend notwendige Investitionen. Der Beirat der Gesellschaft zwang Dr. Mesirca darauf zum Rücktritt und bat mich, Schloss Elmau zu übernehmen. Ich hatte gerade mein inzwischen in der internationalen Hotellerie führendes Softwareunternehmen an Micros Inc. in den USA verkauft und hatte Zeit und Geld für die notwendige Renovierung.

Entgegen dem Wunsch meiner Frau, mit der ich in die USA ziehen wollte, habe ich mich Ende 1996 auf Drängen meiner Freunde Dietrich von Boetticher und Martin T:son Engstroem bereit erklärt, Schloss Elmau zu pachten, um es als Zuhause meiner Eltern zu erhalten und für mich inhaltlich neu zu definieren.

Schon in meiner Jugend hatte die aus meiner Sicht ebenso scheinheilige wie politisch totalitäre Idealisierung von Kultur und Gemeinschaft in Schloss Elmau den vielleicht von meiner niederländischen Mutter geerbten Eigensinn und meine insbesondere von Albert Camus und Jiddu Krishnamurti inspirierte

Skepsis gegenüber metaphysischen Letztbegründungen und Sinnstiftungen verstärkt.

1973 hatte ich Gelegenheit bekommen, mit dem Auto nach Indien zu fahren und nach meiner Ankunft 1974 eine Kumbh Mela in Hardwar zu besuchen, das größte religiöse Fest der Welt, bei dem sich Gläubige durch ein Bad im Ganges von Ichbezogenheit und Gottvergessenheit reinigen und befreien sollen. Der Anblick von Millionen Menschen in religiöser Ekstase auf engstem Raum versetzte mich allerdings so in Angst und Schrecken, dass ich sofort wieder abreisen wollte. An der Busstation fragten mich furchterregend aussehende Sadhus, was denn meine Religion sei. Nach allem, was ich auf der Reise bereits an religiösem Fanatismus erfahren hatte, musste ich im Falle einer falschen Antwort das Schlimmste befürchten. Auf meine Antwort, »Nichts wie weg« sei meine Religion, erwiderten sie, dies sei die beste aller Religionen. Die unerwartete Wertschätzung individueller Freiheit, die ich so intensiv erstmals in Indien und unmittelbar danach vor allem in Israel und später mehr als anderswo in den USA erlebt habe, leitete seither mein Interesse an der Ideengeschichte ihrer Begründungen und Anfechtungen.

Meine allererste Maßnahme nach der Übernahme von Schloss Elmau war daher die Aufhebung des Zwangs zur Gemeinschaft. Hierzu habe ich die großen Gemeinschaftstische im Speisesaal symbolisch in der Mitte durchgesägt, die Tischordnung aufgehoben, die Tanzveranstaltungen halbiert sowie die morgendlichen Tanzstunden von Dr. Mesirca eingestellt. Der Streit mit den Gesellschaftern der Familie Mesirca eskalierte in aller Öffentlichkeit. Altgediente Mitarbeiter und die Gewerkschaft rebellierten. Der Freundeskreis Elmau e.V., der sich als Gralshüter des geistigen Erbes meines Großvaters verstand, bekämpfte mich offen in seinen Publikationen als Zerstörer des »Elmauer Geistes«. Die Veranstalter anthroposophischer oder esoterischer Tagungen stornierten unverzüglich alle ihre Buchungen.

Freiheit braucht Vielfalt. Daher wollte ich den Horizont der kulturellen Veranstaltungen mit Jazz, Weltmusik, Literatur und Debatten zu aktuellen Fragen der Politik und Geschichte erweitern. Bereits zu Weihnachten 1996 gelang es mir, die portugiesische Jazz-Sängerin Maria Joao und den Pianisten Mario Laginha einzuladen. Sie sollten einen Tag nach dem Liederabend von Thomas Quasthoff auftreten. Beide hatten noch nie die Winterreise von Schubert gehört und waren so gerührt und beeindruckt, dass sie danach nicht mehr auftreten wollten. Thomas Quasthoff überredete beide, es doch zu tun, und war begeistert. Während dem Konzert verließen allerdings ca. 1/3 der Zuhörer empört den Saal. Nach dem Konzert kam ein Gast aus England auf mich zu und meinte, dass ich keine Probleme haben werde, wenn diese Gäste Schloss Elmau in Zukunft fernbleiben würden. Tatsächlich kam es zu einem Exodus der Stammgäste. Dafür kamen junge Familien mit vielen Kindern, die zusätzlich für Unruhe im ehemals weltentrückten Idyll sorgten.

Im Juli 1997 fand das erste Jazzfestival in Schloss Elmau statt, an dem einige der berühmtesten Jazzmusiker unserer Zeit auftraten.

Es gibt vielleicht keinen zweiten Ort auf der Welt, an dem seit beinahe 100 Jahren ganzjährig mehr Hochkultur zelebriert wird als Schloss Elmau. Anders als für meinen Großvater ist Hochkultur für mich kein Gegensatz zur Zivilisation des Westens, sondern höchster Ausdruck individueller Kreativität und eines jüdisch-amerikanischen Freiheitsideals, das in der deutschen Zivilisationskritik merkwürdigerweise immer noch als größtes Feindbild von Hochkultur gilt.

Es war daher naheliegend, mich im Rahmen des Kulturprogramms von Schloss Elmau insbesondere auch mit der Ideengeschichte und andauernden politischen Relevanz gegensätzlicher Ideale von Freiheit in protestantischen Religionskulturen diesseits und jenseits des Atlantiks auseinanderzusetzen. Hierzu wollte ich eine Reihe von »Schloss-Elmau-Symposien« mit international renommierten Gelehrten zu Fragen der Politischen Theologie und ihrer Ideengeschichte durchführen. Im Mittelpunkt meines Interesses stand die Auseinandersetzung mit den Argumenten der Feinde der Freiheit, die Fragen des Politischen, die pragmatisch zu verhandeln sind, mit Argumenten der Theologie, Moral oder Herkunft beantworten wollen, die grundsätzlich nicht verhandelbar sind.

1997 baute ich als Erstes einen Literatursaal für die Schloss-Elmau-Symposien und ein Spa für Familien.

1998 fand darin die Vortragsreihe »100 Jahre Zionismus und 50 Jahre Israel« statt, die ich gemeinsam mit Prof. Michael Brenner für die Universität München und Schloss Elmau aus Anlass des 50. Jahrestages der Staatsgründung Israel organisiert hatte.

Im Juni 1998 fand zu gleichem Anlass eine Israelisch-Deutsche Kammermusikwoche unter Leitung von Niklas Schmidt, dem Cellisten des Fontenay-Trios statt. Der israelische Botschafter Avi Primor übernahm zusammen mit Bundestagspräsidentin Rita Süßmuth die Schirmherrschaft und hielt einen Vortrag über sein Buch *Mit Ausnahme Deutschlands*. Er zeigte den anwesenden Gästen auf beeindruckende Weise, dass nur die aufrichtige und selbstkritische Auseinandersetzung mit der Geschichte und der Frage »Wie soll ich mich in Zukunft verhalten?« Grundlage von Verständigung sein kann. Jeder Gast kaufte sich anschließend das Buch und ließ es sich von ihm signieren.

Im Juli 1998 fand das erste Schloss-Elmau-Symposion der Politischen Theologie mit dem Titel »Jewish Modernity as a Political Theology« unter der Leitung von Christoph Schmidt und Gabriel

Motzkin und in Zusammenarbeit mit dem Franz Rosenzweig Center der Hebrew University in Jerusalem statt. Im Mittelpunkt standen Beiträge vornehmlich israelischer und jüdischer Intellektueller zur Entstehungs- und Entwicklungsgeschichte Politischer Theologie sowie die immer noch aktuelle Frage, warum und ob Israel ein jüdischer oder ein Staat der Juden sein soll und kann.

Im Oktober 1998 lieferte das Schloss-Elmau-Symposion »Globalisierung ohne Migration?« den Anstoß für die erste breite öffentliche Diskussion in Deutschland über die Notwendigkeit einer aktiven Einwanderungspolitik und Greencards für Softwarespezialisten und Fachkräfte aus dem Ausland, die meiner Softwarefirma noch mit den Argumenten der deutschen Zivilisations- und Kapitalismuskritik verweigert worden war. Im Gegensatz zu damals wird deren Notwendigkeit heute von keinem ernstzunehmenden Politiker mehr bestritten, wogegen kulturelle Eliten zu diesem Thema interessanterweise weder damals noch heute Stellung bezogen haben.

Im Juni 1999 hatte ich Prof. Martin Malia von der University of California in Berkeley und Bronisław Geremek, den ehemaligen polnischen Außenminister zu einer Debatte über »Russia in Western Eyes« und »Europas Grenzen und die Orientalische Frage« eingeladen. Martin Malia hatte maßgeblichen Einfluss auf die Gründer der Solidarnosc-Bewegung, der Geremek von Anfang an angehört hatte.

Im Mittelpunkt stand die Frage, ob die Europäische Union sich nur kulturell durch Abgrenzung des lateinischen vom orthodoxen und orientalischen Europa oder politisch als offene Rechtsgemeinschaft definieren kann, die unterschiedliche Wertegemeinschaften respektiert. Auf meine Frage, welche Achse sich ein polnischer Außenminister in Europa wünsche, Paris-Berlin oder London-Berlin, gab mir Bronisław Geremek zwei Antworten: die offzielle lautete Paris-Berlin, damit er weiterhin zum Abendessen eingeladen werde, seine private Präferenz sei jedoch London-Berlin, weil diese für alle Bürger Europas unabhängig von Herkunft und Glauben mehr Freiheit bedeute.

Im Juli 1999 habe ich auf dem Schloss-Elmau-Symposion »Wagner im Dritten Reich« unter der Leitung von Saul Friedländer (Los Angeles), an dem erst- und letztmals die wichtigsten Wagner-Experten und -Kritiker teilnahmen, die bisher insbesondere in Deutschland vernachlässigte Frage nach den ideengeschichtlichen Wurzeln des Nationalsozialismus in den Mittelpunkt gestellt. Das Symposion wurde in der *F.A.Z.* als überfällige Auseinandersetzung mit der verhängnisvollen Rolle von Bayreuth im Dritten Reich bezeichnet und im C. H. Beck Verlag unter gleichem Titel veröffentlicht.

Direkt im Anschluss daran fand das zweite Schloss-Elmau-Symposion der Politischen Theologie mit dem Titel »Jenseits des Seins« unter Leitung von Christoph Schmidt von der Hebrew University und in Zusammenarbeit mit dem Van Leer Institut Jerusalem statt. Thema war die Kritik des Philosophen Emmanuel Levinas an dem Mangel ethischer Verpflichtung in der Ontologie und Metaphysik von Martin Heidegger. Der dabei von Peter Sloterdijk gehaltene Vortrag über die »Regeln für den Menschenpark«, der später veröffentlicht und als »Elmauer Rede« berühmt wurde, löste aufgrund einer Intervention von Saul Friedländer und der Kritik von Jürgen Habermas eine monatelange Debatte in allen deutschsprachigen Feuilletons über die ethischen Grenzen der Gentechnologie aus, die von den Idealen und Feindbildern deutscher Zivilisations- und Kapitalismuskritik dominiert wurde. Bundeskanzler Gerhard Schröder gründete daraufhin den Nationalen Ethikrat, dessen erste und letzte öffentliche Tagung mit dem Titel »Genetik und die Zukunft des Menschen« 2002 in Schloss Elmau stattfand. (Eine vollständige Liste der Schloss-Elmau-Symposien und Veröffentlichungen finden Sie im Anhang.) Für das ZDF war die Debatte Anlass zum Start des Philosophischen Quartetts von Peter Sloterdijk und Rüdiger Safranski, denen die erhoffte Wiederholung ähnlich kontroverser Debatten vielleicht infolge weitgehender Übereinstimmung zwischen fast ausnahmslos zivilisationskritischen Teilnehmern nie gelang.

Seit 2001 fand alle ein bis zwei Jahre ein »Tarbut« für die Mitglieder der jüdischen Gemeinden in Deutschland, Österreich und der Schweiz statt. Die von Dr. Rachel Salamander zusammen mit Prof. Michael Brenner von der LMU München organisierte Veranstaltung ist ein weltweit einzigartiges Forum von führenden jüdischen Intellektuellen und Autoren, bei dem aktuelle Fragen der Geschichte, Politik und Literatur kontrovers diskutiert werden.

Im Mai 2002 führte eine von der Bank erzwungene Kapitalerhöhung zu einer Verschiebung der Mehrheitsverhältnisse bei der Familien-Besitzgesellschaft zu meinen Gunsten und öffnete damit den Weg zu einer Erweiterung von Schloss Elmau durch den Bau des Wettersteinflügels.

Pfingsten 2002 hatte ich anlässlich des Terroranschlags auf die USA am 11. September 2001 eine Debatte über die geopolitischen Folgen organisiert. Der Titel lautete: »Saudi Arabia the Problem – Iraq the Solution? Civilisatory Imperialism – America vs. Europe in a New World Order?« Meine Frage war, ob nach dem Abzug der amerikanischen Truppen aus Saudi-Arabien infolge des in Deutschland von Saudis vorbereiteten und verübten Anschlags eine positive Entwicklung im Nahen Osten ohne jahrzehntelange Präsenz einer zivilisierten Supermacht im Zentrum der Region (wie einstmals unter den Persern, Römern und Türken) überhaupt gelingen kann und wie im Falle einer islamistischen Revolution in Saudi-Arabien die Blockade des freien Handels und der Ölversorgung insbesondere Europas und Asiens verhindert werden kann. (Die Frage ist heute aktueller denn je und ich fürchte, der Westen wird nicht umhinkönnen, auf Jahrzehnte unter Führung der USA im Nahen Osten für Sicherheit und Entwicklung zu sorgen. Möglicherweise führt der Terror islamistischer Fundamentalisten zu einer Annäherung zwischen dem nicht minder bedrohten Russland und China mit dem Westen.)

Die Veranstaltung begründete meine Freundschaft mit dem 2011 leider viel zu früh verstorbenen Dr. Ron Asmus, der einst unter Bill Clinton die Osterweiterung der Nato geplant und mit umgesetzt hatte und meine Zusammenarbeit mit dem von Willy Brandt ins Leben gerufenen German Marshall Fund in Washington unter Leitung seines damaligen Präsidenten Craig Kennedy. Der GMF organisierte in Schloss Elmau auch eine Reihe von Gesprächen zwischen Richard Holbrooke und Carl Bildt mit Präsidenten und Regierungsmitgliedern osteuropäischer Staaten, deren Freiheit und territoriale Integrität bereits damals von Russland zunehmend in Frage gestellt wurden.

Im September 2003 konnte der Wettersteinflügel mit 40 Suiten und Juniorsuiten eröffnet werden, die zur Finanzierung der Baukosten von Mitgliedern und Freunden meiner Familie sowie einigen Gästen von Schloss Elmau gekauft wurden, jedoch exklusiv nur von Schloss Elmau vermietet und an 42 Tagen im Jahr privat genutzt werden dürfen.

Im Juni 2005 besuchte auch Dr. Angela Merkel kurz vor ihrer ersten Wahl zur Bundeskanzlerin anlässlich eines transatlantischen Forums des German Marshall Funds in Washington erstmals Schloss Elmau. In ihrem Vortrag vor zahlreichen Politikern aus den USA und Europa, unter ihnen auch Ahmet Davutoğlu, dem heutigen Ministerpräsidenten der Türkei, begründete sie ihre Ablehnung einer EU-Vollmitgliedschaft der Türkei mit der Wahrung der Vormachtstellung der CDU/CSU-Fraktion innerhalb der EVP im europäischen Parlament, die seit Durchsetzung des demographischen Faktors bei der Verteilung der Sitze im Parlament bei einer Mitgliedschaft der Türkei bzw. der AKP in der EVP verloren ginge. Als Bundeskanzlerin würde sie sich allerdings aufgrund vertraglicher Verpflichtungen für einen Beitritt einsetzen. Die pragmatische, ideologiefreie Politik des zivilisierten »sowohl als auch« ist vielleicht einer der Gründe für ihre Erfolge. (Donald Tusk, Historiker, ehemaliger polnischer Ministerpräsident und heute Präsident des Europäischen Rates, sagte bei einem von Stefan Kornelius moderierten Gespräch mit Angela Merkel in Berlin, dass er jeden Morgen Gott im Himmel dafür danke, dass sie Bundeskanzlerin ist, denn er habe noch genügend Phantasie, um sich vorstellen zu können, was in Europa passieren würde, wenn in Deutschland Ideologie und Führung wieder in einer Person zusammenfallen würden.)

Im Juli 2005 gipfelten die jahrelangen Auseinandersetzungen mit der Familie Mesirca um die Kontrolle der Geschäftsführung der Familien-Besitzgesellschaft in der Verhandlung vor dem Landgericht München II, das meine Wahl durch den Beirat als alleiniger Geschäftsführer uneingeschränkt bestätigte.

Am 7. August 2005 schliefen 150 Kinder und 300 Erwachsene friedlich im Schloss, als am frühen Morgen ein Brand im Schlafzimmer des ehemaligen Hoteldirektors Dr. Mesirca ausbrach. Es erscheint mir als eine Ironie der Geschichte, dass das alte Schloss ausgerechnet durch einen Brand in seinem Zimmer zerstört wurde, wo er doch Schloss Elmau vor mir bewahren wollte. Das Gutachten des Landeskriminalamtes vermutete die Ursache für den Brand in einem Kurzschluss seiner Heizdecke. Auf eine endgültige gerichtliche Klärung der Schuldfrage wurde im Rahmen eines Vergleichs mit der Versicherung allerdings verzichtet.

Die Feuerwehr konnte den Brand erst nach 20 Stunden und mit Unmengen von Wasser löschen, die das nur mit Kalk und Holz gebaute Haus völlig zerstörten. Zum Glück wurde aufgrund des beherzten Engagements der überwiegend jungen Gäste, der Mitarbeiter und der Feuerwehr niemand verletzt. Die von mir bereits 1997 durchgeführten Investitionen in Brandschutz und Rettungswege hatten vielleicht das Allerschlimmste verhindert.

Dr. Mesirca brach unmittelbar nach dem Brand den Kontakt zu Schloss Elmau und seiner eigenen Familie ab und zog zu seiner späteren Ehefrau nach München, wo er am 2. Januar 2012 verstarb und begraben wurde.

Im Dezember 2006 verkauften Sieglinde Mesirca und Uwe Richardsen ihre Anteile an Schloss Elmau an mich und meinen Partner Dietrich von Boetticher, dessen Kinder Urenkel von Johannes Müller sind. Dies beendete den über 5 Jahrzehnte dauernden und zuletzt existenzbedrohenden Streit der Erben von Johannes Müller zugunsten der Familie meines Vaters.

Am 22. Februar 2007 starb mein Vater Bernhard Müller-Elmau. Er hatte den Abriss des alten und die Bauarbeiten zum Wiederaufbau des neuen Schloss Elmau trotz schwerer Erkrankung mit allergrößter Begeisterung verfolgt und kurz vor seinem Tod an Weihnachten noch die Fertigstellung des Rohbaus und die Eröffnung des neuen Restaurants La Salle miterlebt.

Er hatte die theologischen Ideale seines Vaters verinnerlicht wie kein Zweiter, ohne jedoch dessen Ressentiment gegen das »normative Projekt des Westens« (Heinrich-August Winkler) zu teilen. Eine Mitgliedschaft in der HJ oder irgendeiner anderen Parteiorganisation der Nationalsozialisten war wegen deren Antisemitismus für ihn ebenso tabu wie für seinen Vater und seine

Geschwister. Dennoch wollte er aus Begeisterung für die von seinem Vater verherrlichte »nationale Revolution des Gemeinsinns« 1935 direkt nach dem Abitur Berufssoldat bei den Pionieren der Gebirgsjäger in Mittenwald werden und notfalls für eine gleichberechtigte Stellung Deutschlands in den Vereinigten Staaten von Europa kämpfen. Viele schwere Verletzungen und lange Krankenhausaufenthalte retteten ihm möglicherweise das Leben.

Nach Rückkehr aus britischer Gefangenschaft in Norwegen setzte er sich für den Rest seines Lebens selbstkritisch mit dem geistigen Erbe seines Vaters auseinander, dessen Theologie er säkularisieren und entpolitisieren wollte. Nur deshalb ist es ihm gelungen, gleich nach der Wiedereröffnung von Schloss Elmau 1951 engste jüdische Freunde der Familie, allen voran die Familie Rosenfeld und den Philosophen Schalom Ben-Chorin, zur Rückkehr nach Schloss Elmau zu bewegen. Mitte der 60er-Jahre reiste er mit seiner Tochter Hiltrud nach Israel und arbeitete dort für mehrere Monate in dem Kibbuz Ein-Harod. Er war voller Bewunderung für Israel als zivilisatorisches Projekt, das unter existenzbedrohenden Bedingungen eine lebendige Demokratie und die Freiheit in der Wüste zum Blühen gebracht hatte.

Die Entscheidung zur Wiedereröffnung von Schloss Elmau, die Verhandlungen über den Ausgleich der Vermächtnisansprüche seiner Geschwister, die Abfindung des symbolischen Hälfte-Anteils der Nachkommen der Gräfin von Waldersee, die Überführung der Anteile der beiden Erben in eine GmbH im Jahr 1972 mit einem Beirat, der unabhängig von der Herkunft in Zukunft für eine qualifizierte Geschäftsführung von Schloss Elmau sorgen sollte, waren vor allem Bernhard Müller-Elmaus Verdienst. Elmau war für ihn Heimat, Verpflichtung und unverkäufliches Paradies. Er widerstand daher dem Drängen von Dr. Mesirca zum Verkauf seines Anteils.

Er finanzierte mein erstes Semester an der Cornell University in den USA, was mir letztlich die Finanzierung der Sanierung von Schloss Elmau ermöglichte. Er reiste seinen Kindern und Enkeln nach Indien, Afrika und Amerika hinterher und liebte die bayerische Volksmusik ebenso wie Klassik, Klezmer und Jazz. Am meisten aber genoß er das Tanzen nach klassischer Musik des ehemaligen Hauspianisten Otto Ludwig, einem Schüler Edwin Fischers, und zum Swing des Jazzpianisten Bernd Lhotzky, einem Enkel des frühen Wegbegleiters seines Vaters. Er war ein liberaler Sozialdemokrat, Europäer und überzeugter Transatlantiker. Den Abriss des alten Schloss Elmau begriff er als eine einmalige Chance für das neue Schloss Elmau seiner Kinder, denen er grenzenlos vertraute. Bis zur letzten Sekunde seines Lebens wollte er immer in Bewegung bleiben. Tradition war für ihn weitergehen und nie stehen bleiben. Das neue Schloss Elmau möchte ich seinem Andenken widmen.

ALS LUXURY SPA & CULTURAL HIDEAWAY 2007–2014

Da bei dem Großbrand am 7. August 2005 glücklicherweise niemand verletzt wurde, konnte ich in dem Unglück guten Gewissens eine einmalige Chance sehen, Schloss Elmau architektonisch und inhaltlich als Luxury Spa & Cultural Hideaway so wiederaufzubauen, dass auch ich mich darin als Gast wohlfühlen könnte.

Schwierige Verhandlungen insbesondere mit dem Denkmalschutz und der Allianz-Versicherung über den Abriss der einsturzgefährdeten und denkmalgeschützten Bausubstanz verzögerten Planung und Baubeginn. Der Kauf der Anteile von John Brooke und Diana Rau, zwei Erben von Sieglinde Mesirca, verschaffte mir die Mehrheit zur Durchführung einer Kapitalerhöhung der Familiengesellschaft, die zur Stärkung meiner Verhandlungsposition gegenüber der Versicherung und den Behörden notwendig war. Im November wurden Abriss und Entkernung von zwei Dritteln des Gebäudes genehmigt und Ende Dezember mit der Allianz ein Vergleich geschlossen. Der Antrag auf Baugenehmigung konnte mangels Zeit nur mit unvollständigen Plänen erfolgen. Das Landratsamt genehmigte diese im Wissen, dass die endgültige Planung während dem Bau entwickelt und erst nachträglich mit einer Tektur genehmigt werden konnte. Der Kreisbaumeister Bernd Feldpausch wollte mir im letzten Jahr seiner Amtszeit einen Gefallen tun, nachdem ich bei der Überprüfung des Brandschutzes vor Abschluss meines Pachtvertrags vom Landratsamt getäuscht worden war, um die Sanierung von Schloss Elmau nicht zu gefährden. Am 10. April 2006 konnten die Bauarbeiten nach einem extrem kalten Winter beginnen.

Der Genius Loci von Schloss Elmau liegt für mich in den perfekten Proportionen zwischen der Höhe der Berge und der Weite des Tals, das kein Gefühl der Enge und Verlorenheit aufkommen lässt. Als Leitlinie für den Wiederaufbau habe ich dafür den Begriff The Luxury of Space & Privacy bzw. den Luxus von Freiheit und Geborgenheit verwendet. Zudem macht für mich ein Gefühl der Gleichzeitigkeit von Ungleichzeitigem den besonderen Charme von Schloss Elmau aus, der Eindruck einer seit Urzeiten angehaltenen Zeit, die so stillzustehen scheint wie die monumentale Wettersteinwand, und einer vergänglichen Zeit, die so lebendig ist wie der stete Fluss des rauschenden Wassers im kristallklaren Ferchenbach. Wo mein Großvater nur ideale Bedingungen für einen Urlaub vom Ich erkennen wollte, sehe ich hier ideale Möglichkeiten für einen Urlaub des Ich.

Mein Architekt und Cousin Christoph Sattler, Enkel von Carlo Sattler, dem Architekten und Schwager meines Großvaters, wollte aus Respekt vor seinem Großvater eine möglichst originalgetreue Wiederherstellung mit bestenfalls bescheidenen und sehr zurückhaltenden Erweiterungen. Ich wollte dagegen eine völlig neue Architektur, in der sich meine Mutter, ich mich alleine oder mit meiner Familie und/oder meinen Freunden wohlfühlen konnte.

Schloss Elmau
im Jahr 1918

—

Johannes Müller
und Irene Sattler

Johannes Müller
Gräfin von Waldersee
Carlo Sattler
—
Adolf von Harnack
Prinz Max von Baden

Sieglinde Mesirca
(geb. Müller),
Dr. Odorado
und Bernhard
Müller-Elmau
—
Bertha Müller-Elmau
(geb. Jonkers)

Brand im Jahr 2005

—

Wiederaufbau

Schloss Elmau im Jahr 2007

—

Schloss Elmau aus der Vogelperspektive

Der alte Teesaal

—

Die Tea Lounge

Der alte Konzertssal

—

Der neue Konzertsaal

Außenansicht des Retreats

—

Der Pool bei Dämmerung

Die meisten meiner Ideen entstanden erst während dem Bau. Die Liebe zum Detail und Wertschätzung für das Handwerk führten zu ständigen Änderungen und Umplanungen. Christoph Sattler warnte mich, an meinen ständigen Verbesserungen nicht zu verbluten.

Nach einem Baustellenbesuch von Adrian Zecha, dem Gründer der Aman Resorts aus Singapur, der an einer weltweiten Kooperation zwischen Aman Resorts und Schloss Elmau interessiert war, flog ich kurzerhand nach Miami, um mir dort die Grundrisse eines soeben von ihm erbauten Hotels anzuschauen. Nach meiner Rückkehr änderte ich daraufhin nochmals alle Grundrisse der Zimmer und Bäder, wozu auch einige soeben errichtete Wände wieder abgerissen werden mussten. Ich wollte mir später nicht den Vorwurf machen, das Optimum zeitlos zeitgemäßer Architektur nicht wenigstens angestrebt zu haben.

Der extreme Zeitdruck, die begrenzten Mittel und die zahlreichen Auflagen der Behörden und die Freundschaft mit Christoph Sattler machten immer wieder schmerzhafte Kompromisse notwendig. Rückblickend waren der Verzicht auf totale Perfektion und Durchsetzung eines in sich geschlossenen, totalitären architektonischen Konzepts, das keine Rücksicht auf die Wünsche Andersdenkender nimmt, ein zivilisatorischer und ökonomischer Gewinn, weil vielleicht gerade erst das zivilisierte »sowohl als auch« und »einerseits und andererseits« Schloss Elmau für ein heterogenes, kosmopolitisches Publikum und Fremde aus aller Welt geöffnet hat. In einem scheinbar perfekten Hotel würden Menschen dagegen nur mit ihrer eigenen Unvollkommenheit konfrontiert und sich deshalb kaum wohlfühlen.

Ein gutes Hotel sollte vor allem für schlechtes Wetter gebaut sein. Die bereits von meinem Großvater angelegte Großzügigkeit der Grundrisse der öffentlichen Räume wollte ich hierzu durch transparente Verbindungen und raffinierte Trennungen, welche die Privatsphäre schützen und der Phantasie freien Raum lassen, noch verstärken. Die nur auf den ersten Blick scheinbar labyrinthische Unübersichtlichkeit und Weitläufigkeit des Schlossgebäudes mit seinen vielen Hideaways fordert und fördert beim Flanieren das Erinnerungs- und Orientierungsvermögen. Kinder finden sich vielleicht gerade deswegen in Schloss Elmau sofort zurecht und fühlen sich hier wie zu Hause frei und geborgen, weil sie sich in dem scheinbar riesigen, geheimnisvollen Schloss überall verstecken können, ohne Angst zu haben, nicht gefunden zu werden oder zurückzufinden.

Der anfängliche Versuch, durch eine Ausdehnung der alten Grundrisse mehr großzügige Zimmer und Suiten realisieren zu können, scheiterte nicht ganz unerwartet vor allem am erbitterten Widerstand des Denkmalschutzes, der trotz mangelnder Zuständigkeit für den Neubau auf der Beibehaltung der äußeren Koordinaten des alten Gebäudes beharrte. Die Anzahl der vormals winzigen Zimmer musste im Interesse neuer Großzügigkeit daher um 50 Prozent reduziert werden. Das neue Schloss Elmau bietet dafür noch mehr öffentlichen Wohnraum und Rückzugsmöglichkeiten pro Gast als das alte und vielleicht sogar jedes andere Hotel der Welt.

Leider war die von mir gewünschte Verlegung der Kreuzgänge in den Innenhof, welche noch breitere Gänge und eine noch größere Zimmertiefe ermöglicht und den klösterlichen Charakter des Gebäudes im Kontrast zum neuen sinnlichen Interior Design noch stärker zur Geltung gebracht hätte, erst in den oberen Stockwerken möglich. Dafür gelangte jedoch die Buchhandlung in die Mitte des Gebäudes. Ihre Schaufenster zum Gang öffnen den Blick durch den Innenhof und das Restaurant La Salle im Nordflügel bis zum Südhang auf der anderen Seite des Tals. Es ist gerade diese Öffnung des Blicks durch mehrere Räume, die ein Gefühl von grenzenloser Freiheit und Geborgenheit erzeugen kann.

Da alle Menschen auf dieser Welt nur Gäste sind, ist Gastfreundschaft und Fremdenverkehr eine unverzichtbare Grundlage menschlicher Zivilisation. Sie ermöglicht individuelle Mobilität, Kreativität, Handel und Wohlstand. Gute Gastgeber bieten verschiedenen Gästen möglichst vielfältige und großzügige Räumlichkeiten, die ein gleichgültiges und zivilisiertes Nebeneinander vieler fremder Ichs mit unterschiedlichen, ja gegensätzlichen Interessen erleichtern.

Gute Hotelarchitektur sollte Fremdes mit Vertrautem, Lokales mit Globalem vermischen und verbinden. Die Wertschätzung von Vielfalt und der Verzicht auf kostensparenden Zwang zur Einheitlichkeit und Monotonie, die Verbindung von Asien und Bayern, von Alt und Neu, die verspielte Verfremdung und Aneignung des Fremden, die kosmopolitische Vermischung von naturbelassenen Materialien aus aller Welt, von mindestens vier verschiedenen Holzarten in einem Raum, von rauen Oberflächen und subtilen orientalischen Einflüssen mit warmem Licht steigern nicht nur die Bau- und Betriebskosten, sondern auch die Möglichkeiten emotionaler Identifikation der Gäste mit einem Hotel und seinem Erholungswert.

Die säkulare Gleichzeitigkeit des Ungleichzeitigen, wie z.B. von Kindern, die sich uneingeschränkt austoben, und Erwachsenen, die sich ungestört ausruhen wollen, von großer Gesellschaft und völliger Zurückgezogenheit, von unberührter Natur und gegen die Natur gebauter Architektur benötigt vor allem viel Platz, um ebenso gut anderen Menschen begegnen wie aus dem Weg gehen zu können. Ich nenne das The Luxury of Diversity, Space & Privacy. Von außen nach innen abgestufte Rückzugsmöglichkeiten des Privaten und durchlässige Schattierungen des Öffentlichen ermöglichen ebenso Weltoffenheit wie Weltentrücktheit.

Hotels sind auch Orte, an denen die Zeit vorübergehend angehalten werden kann, in denen man eine Auszeit nehmen oder seine Freizeit verbringen und man sich ebenso gut ausruhen wie neue Lebensenergie tanken und auch auf neue Ideen kommen und andere Menschen sehen und kennenlernen kann. Der Wassertisch vor dem Eingang ist Symbol für diese Gleichzeitigkeit des Ungleichzeitigen. Der ruhende Stein steht für die scheinbar angehaltene, unvergängliche Zeit, das sanft und fast unmerklich fließende Wasser für die unaufhaltsam zerrinnende Zeit. Die rauen Kanten des 20 m langen und absichtlich nur 10 cm seichten Wassertisches mussten wegen unvermeidlicher Fehlertoleranzen über Jahre hinweg immer wieder nachgeschliffen werden, damit sich das Wasser auf allen Seiten gleichmäßig unmerklich sanft an den Stein schmiegen und somit die Trennung zwischen den gegensätzlichen Materialien scheinbar aufheben kann.

Schloss Elmau steht auf 60 Millionen Jahre altem Meeresgrund, von dem die enzianbewachsenen Buckelwiesen noch heute Zeugnis ablegen. Es war daher naheliegend, für alle Fußböden den aus dieser Zeit vom Meeresboden stammenden und wegen seines Alters sogenannten sakralen Stein Bayerns zu verwenden. Im alten Schloss waren die Solnhofer Platten entsprechend dem modernen Ideal maximaler Homogenität jedoch poliert und ihrer farbigen Vielfalt und naturbelassenen Individualität beraubt worden. Im neuen Schloss Elmau sorgen die bruchrauen Oberflächen stattdessen für die sinnliche, warme Atmosphäre einer seit 60 bzw. 250 Millionen Jahren angehaltenen und lebendig gebliebenen Zeit, die sich allerdings mit der Zeit der Nutzung an manchen Stellen abschleifen wird.

Auch die alten Bilder auf neuem Hintergrund und mit neuen

Rahmen erinnern an angehaltene Zeit im neuen Teil des Schlosses. Die Wandgemälde mit den dionysischen Motiven in der Tea Lounge stammen von Adolf von Hildebrand, dem Hofmaler von Prinzregent Ludwig und Urgroßvater von Christoph Sattler; die Bilder in der Al-Camino-Bar stammen von Jens Sattler, unserem gemeinsamen Ururgroßvater, der nach der gescheiterten Revolution 1848 seine Eindrücke von der Flucht nach Amerika festhalten wollte, auf die er seinen Sohn Ernst, den Vater von Carlo Sattler, mitgenommen hatte.

Auch wenn der Versuch, die Zeit anzuhalten oder gar zurückzudrehen, vergeblich ist, so gibt es doch keinen Grund, es mit Understatement und Selbstironie zumindest in einem Spa nicht immer wieder von neuem zu versuchen. Da ich selber kein Spa-Aficionado bin, wollte ich ein Badehaus bauen, das vielleicht auch mich begeistern und in Versuchung führen könnte, es zu nutzen. (Was ich bisher noch nicht getan habe.)

Dank dem Vertrauen des Kreisbaumeisters Bernd Feldpausch konnte ich mich beim Bau des Badehauses, das der Naturschutz und der Denkmalschutz mit aller Macht verhindern und das Christoph Sattler aus Rücksicht auf den Bau seines Großvaters so niedrig und schmal wie nur möglich halten wollte, über die Baugenehmigung hinwegsetzen und zum Schutz des Rooftop Pools ein zweites Stockwerk draufsetzen und dies erst nachträglich genehmigen lassen.

Der Eindruck von Freiheit und Geborgenheit kommt vielleicht nirgends besser zur Geltung als beim Schwimmen zwischen Himmel und Erde im Rooftop Pool auf der Dachterrasse des Badehauses mit weitem Blick durch die scheinbar unter der Wasserkante versinkenden Fenster des Ruheraums im Westen.

Ein gutes Spa, das keine Reha-Anstalt sein will, braucht eine Atmosphäre sinnvoller Sinnlichkeit, von zeitgemäßer Zeitlosigkeit, entspannter Gelassenheit und vor allem das Nebeneinander von vollkommener Ruhe in einem Spa für Erwachsene und uneingeschränkter Lebensfreude in einem Spa für Familien, vielfältige Möglichkeiten zum Sehen und Gesehenwerden oder um sich zurückziehen zu können, den maximalen Schutz der Privatsphäre sowie last, but not least naturbelassene Materialien mit rauen Oberflächen und bunte Bademäntel als Zeichen allerhöchster Wertschätzung unangepasster Individualität.

An vielleicht keinem anderen Spa von Schloss Elmau scheint mir die zivilisierte Kombination von Entspannung und Reinigung, von angehaltener und zerrinnender Zeit besser gelungen zu sein als in der Tausende Jahre alten Idee eines Oriental Hamam. Die Verbindung von sakraler und profaner Architektur, von wohltuenden Behandlungen mit fließendem Wasser auf warmen Steinen, von Geselligkeit und Privatsphäre erscheint mir als die Quintessenz eines zivilisierten Spa schlechthin. Dank der Unterstützung des Hamam-Architekten Ahmet Igdirligil aus Bodrum konnte ich trotz mangelnder Mittel und Deckenhöhe mit einer raffinierten Kombination von osmanischen und bayerischen Deckenbögen sowie der Verwendung des 250 Millionen Jahre alten, warmen Jurasteins aus Solnhofen anstelle des grau-weißen und eher kühlen türkischen Marmors ein Cosmopolitan Hamam realisieren, der sogar Bayern harmonisch mit dem Orient verbindet. (Schon für König Ludwig II. war Heimat die von ihm selbst phantasievoll verfremdete Fremde. Nirgends scheint ihm dies besser gelungen zu sein als in seinem geliebten Königshaus am Schachen auf 1800 m im Wettersteingebirge, das man unbedingt besichtigen sollte. Es liegt nur drei Stunden zu Fuß oder eine Stunde mit dem Mountain- oder Elektrobike von Schloss Elmau.)

Die verschiedenen Welten im Badehaus sind entsprechend ihrer Funktion auf mehrere Stockwerke und Ruheräume verteilt, die wie im Schachen eine nicht einsehbare Wendeltreppe miteinander verbindet. Sichtachsen in möglichst alle Himmelsrichtungen sorgen für Weltoffenheit und Geborgenheit. Die Saunen mit ihren Vorhöfen und Nebenräumen ebenso wie die übergroßen Duschen, in denen man seinen Bademantel mitnehmen und darin aufhängen und wärmen kann, ebenso wie der Verzicht auf eine einheitliche Kleiderordnung, sollten ein Maximum an individueller Freiheit und Schutz der Privatsphäre garantieren. Das uneinsehbare Lady Spa hat den Platz mit der schönsten Aussicht bekommen.

Auf die Frage eines weltberühmten Geigers, worin der Unterschied zwischen neuem und altem Schloss Elmau bestehe, antwortete ich, dass dieser vielleicht in der Möglichkeit liegt, mich zwischen dem Schwimmen im Dachpool oder einem Besuch seines Konzerts entscheiden zu können. Das Wissen um die Qualität des jeweils Verpassten würde das Erlebnis des Nichtverpassten intensivieren. Er meinte daraufhin, sein Zimmer sei auch bei zugezogenen Vorhängen so schön, dass er am liebsten weder im Konzertsaal auftreten noch zum Schwimmen gehen und nur beim Room Service ein Gourmet-Dinner für sich und seine Frau aufs Zimmer bestellen möchte. Da man für das Nicht-Tun, in dem laut Tao nichts ungetan bleibt, sehr viel Kraft braucht, sollte ein gutes Hotel und Spa so viele Alternativen wie möglich zum Nichtstun anbieten, die einem das Nicht-Tun erleichtern.

Am wichtigsten von allem ist für gute Hotel-Architektur jedoch die Wahl und Planung des Lichts. Hotels sind wie Theater, in denen Fremde ihren Auftritt haben. Sie brauchen deshalb Theaterlicht. Seit meiner Kindheit hatte mich in Schloss Elmau die aschfahle protestantische Beleuchtung irritiert, die alle Räume gleichmäßig ausleuchtet und keinen Sinn für Sinnlichkeit, Wärme und Schatten hat und die kein gutes Licht zum Lesen bietet.

Kurz vor der Fertigstellung des neuen Schloss Elmau wurde ich von einer Journalistin der *ZEIT* gefragt, worin denn der Unterschied zwischen dem alten und neuen Schloss Elmau bestehen würde. Ich sagte ihr, dass der Unterschied vor allem in einem anderen Licht liegen würde. Ich hätte dieses Licht allerdings noch nicht gefunden und wäre noch auf der Suche. Nach der Frage, wie ich denn diesen Unterschied, den ich suche, am besten beschreiben könnte, sagte ich ihr, das wäre der Unterschied zwischen Protestantismus und Katholizismus.

Inspiriert von der Reflexion des Lichts in den Wandleuchten alter Synagogen und zahlreichen angefertigten Modellen, fand ich nach monatelanger Suche, gerade noch rechtzeitig vor der Eröffnung des Hotels, die goldenen Wand- und Deckenleuchten von Enzo Catellani in einer verstaubten Ecke in dem kleinen Lampenladen von Electum in München.

Die Lampen von Enzo Catellani, von denen einige nach meinen Vorgaben nur für Schloss Elmau angefertigt wurden und immer noch werden, verbinden die archaischen Symbole für Sonne und Mond mit modernster Technologie. Jede Leuchte ist zudem ein handgemachtes Unikat. Das Licht wird von den rauen und unebenen, goldenen Oberflächen reflektiert, die neben scharf konturierten Schatten warmen Glanz verstrahlen, ohne zu blenden. Es war genau das Licht, das ich für mein Interior-Design-Konzept von Schloss Elmau gesucht hatte. Nirgendwo sonst wurden diese Lampen von Enzo Catellani so omnipräsent eingesetzt wie in den öffentlichen Räumen von Schloss Elmau. Sogar der nicht durch den Brand zerstörte, denkmalgeschützte alte Teil und Konzertsaal erscheint ganz neu in dem neuen, sinnlich-sinnvollen warmen Licht. Ich wollte in meinem Konzept für das Interior und Light Design von Schloss Elmau die maximale Heterogenität der Materialität und Räumlichkeiten durch eine maximale

Homogenität des Lichtes kontrastieren. Die Idee dahinter ist simpel: Das Licht von Sonne und Mond ist für alle Menschen gleich, die Welt der Vielfalt, in der wir leben, für jeden verschieden. Dass die doch sehr persönliche Gestaltung der Innenräume von Schloss Elmau wider Erwarten fast jedem Gast aus aller Welt und jeder Generation gefällt, kann ich mir nur mit dem Interior-Design-Konzept erklären, das die Vielfalt in dieser Welt ebenso wie das Licht jenseits dieser Welt zelebriert, so dass sich viele verschiedene Ichs gleichermaßen wohlfühlen können.

Die funktional notwendigen Lampen und Strahler, wie z.B. die fokussierbaren Theaterlicht-Deckenspots in den Lounges und Restaurants, die Wandleuchten für die Lichtsäulen in den Gängen und die Stehlampen mit Lese-Spot in den Zimmern und Lounges, wurden extra für Schloss Elmau angefertigt.

Licht lebt von der Reflexion. Das beste Licht taugt nichts ohne die geeigneten Stoffe, die es reflektieren können. Da rohe Seide aus Thailand nur bei sonnengeschützten Wänden wie im Restaurant La Salle, im Konzertsaal, in der Tea Lounge und Al-Camino-Bar verwendet werden konnte, konnte ich für die Vorhänge in allen anderen Räumen nur einen seidenartigen Flirtstoff verwenden.

Das Restaurant Fidelio verdankt seinen außergewöhnlichen Charme den seidenartigen Vorhängen von JAP, die wie Säulen den Raum in zahlreiche kleine Hideaways unterteilen und mit denen der Grad der Privatsphäre individuell reguliert werden kann. Als ich mich bei dem englischen Autor Ian McEwan dafür entschuldigen wollte, den Literatursaal, den ich extra auch für meine Schloss-Elmau-Symposien und die politische Debatte gebaut hatte, dem guten Essen geopfert zu haben, antwortete er: »It's all worth it.« Das Restaurant Fidelio lässt sich allerdings in kürzester Zeit je nach Bedarf in einen Konzert- oder Literatursaal, ein G7-Treffen oder die Präsentation eines Porsche Panamera umrüsten.

Die auf den Möbeln allgegenwärtigen roten und gelben Leinenstoffe aus Indien entdeckte ich zufällig in einer Ecke bei dem 200 Jahre alten Kolonialwarenladen von Andrew Martin in London. Der auf ihnen imprägnierte Elefant ist in Indien das Symbol für Urteilskraft und Erinnerungsvermögen, die zur Orientierung in einer vielfältigen Welt unverzichtbar sind und ohne die man nicht ins Sanctum Sanctorum eines Tempels gelangen kann. (Für Luther war Vernunft die Antithese zum Glauben, in Indien ist sie Vorrausetzung.) Die rauen, von warmen Deckenspots wie im Theater punktuell angestrahlten Oberflächen der Leinenstoffe sollten zur Berührung animieren, die angenehm in Erinnerung bleibt.

Mit Hilfe roher Seide an den Wänden und indischen Leinenbahnen als Trennwände zwischen einzelnen Bereichen gelang auch die Umgestaltung des ehemals spartanischen Speisesaals in das mondäne Restaurant La Salle, in dem sich große Familienclans an langen Tafeln ebenso wohlfühlen können wie allein reisende Gäste oder Paare an kleinen Tischen.

Die unbeabsichtigte Stimmigkeit der Architektur und des Interior Designs des neuen Schloss Elmau liegt vielleicht an der scheinbar zufälligen Unstimmigkeit und Heterogenität der Fassaden, Räumlichkeiten und Materialien einerseits und der offensichtlichen Homogenität des Lichtes andererseits, das sich wie ein roter Faden durch alles Beliebige zieht. Die Lampen von Catellani und der Elefant auf Leinen von Andrew Martin sind daher nicht zufällig bis heute die meistgekauften Artikel von Schloss Elmau.

Gute Hotels waren immer auch Kristallisationsorte bürgerlicher Kultur und der Kunst der Verfeinerung des Elementaren.

Mein Großvater hatte vor beinahe 100 Jahren in Schloss Elmau eine bis heute weltweit einzigartige musische Tradition begründet. Der von ihm propagierte »Urlaub vom Ich« mit Hochkultur inmitten unberührter Natur war ein »Mental-Detox«-Programm und Wellnesskonzept für Body, Mind & Soul, das seiner Zeit weit voraus war und erst seit seiner Säkularisierung im neuen Schloss Elmau in der Luxushotellerie weltweit Beachtung und Nachahmer findet.

Ohne gute Musik, die mich emotionell berührt, und gute Literatur, die mich intellektuell inspiriert, kann auch ich mich nicht erholen und ohne raffinierte Küche und einen guten Weinkeller besuchen berühmte Künstler kein Hotel. Im neuen Schloss Elmau gibt es daher neben den vier Spas einen Konzertsaal, zwei Bibliotheken, eine Buchhandlung, einen exzellenten Weinkeller, vier Küchen und sechs verschiedene Restaurants. Überall ermöglicht gutes Licht das Lesen, was für viele im Urlaub vielleicht die wichtigste Alternative zum Nichtstun ist. Selbst in der dunklen Bar kann man nicht nur einem guten Jazzpianisten zuhören, sondern gleichzeitig am offenen Kamin auch ein gutes Buch oder eine Zeitung lesen.

Loriot, der aus Trauer über den Abriss des alten, von ihm über fast 50 Jahre lang besuchten und geliebten Schlosses Elmau das neue erst zwei Jahre nach seiner Eröffnung besuchte, um dort erstmals in seinem Leben einen Spa-Urlaub im Bademantel zu verbringen und einen runden Geburtstag zu feiern, genoss zu seiner großen Überraschung das neue Schloss Elmau noch mehr als das alte. Obwohl er meinte, dass alles phantastisch sei, weil sich ja überhaupt nichts geändert hätte, beschrieb er den Unterschied zwischen altem und neuem Schloss Elmau auf einer von ihm über Monate hinweg immer wieder perfektionierten Zeichnung unübertreffbar treffend mit dem Satz: »Hier bist du ein geliebter

Gast, auch wenn du keinen Rüssel hast«. Die Zeichnung zeigt seinen berühmten Kellner mit Knollennase, der den in Schloss Elmau allgegenwärtigen Elefanten im Schweiße seines Angesichts rennend auf seinem Rücken schleppt.

Bei der Umsetzung meiner Ideen unterstützte mich ein großes Team von hervorragenden Experten, allen voran Christoph Sattler. Er ist neugierig, einfühlsam, lässt sich gerne inspirieren und kann gute Ideen eines Bauherrn, der genau weiß, was er will, unmittelbar während des Gesprächs kunstvoll zu Papier bringen und gleichzeitig elegant optimieren. Mit seinem Hang zur vornehmen Zurückhaltung hat er mich vor zu viel Übermut bewahrt und meinen Drang zur permanenten Verbesserung gelegentlich sanft gebremst. Anderseits treibt auch seine Liebe zum aufwendigen Detail nicht selten die Kosten in unerwartete Höhen.

Ganz besonders dankbar bin ich allen meinen Geschwistern Thurid, Gerlind, Hiltrud, Inga und Hans-Hubert. Ohne ihr Vertrauen hätte ich mich all die Jahre nicht gegen alle Widerstände der Familie Mesirca durchsetzen können. Gerlind hat mir mit großer Begeisterung und Kompetenz bei der Auswahl der Inneneinrichtung, Bezüge und Vorhänge geholfen. Darüber hinaus kümmert sie sich mit wachsamem Auge und Erinnerungsvermögen ständig um deren Ersatz und Erneuerung. Ebenso dankbar bin ich Holger Otto, der als technischer Leiter von Schloss Elmau die äußerst komplexe Technik am Laufen hält und ständig Modelle für neue Lampen bauen lässt.

Die Werkplanung lag in den Händen des Architektürbüros DBLB und hier insbesondere bei Claudia Dressel, die mit unglaublicher Akribie und Energie den Großteil der Detail-Werkpläne gezeichnet hat. Michael Biedermann sorgte mit seinen Vorschlägen für eine Deckelung der Kosten. Dr. André Behncke hat mit seinen wilden Skizzen wichtige Details meiner Planung des

Interior Designs inspiriert. Gräfin Schönborn hat mit mir die Außenanlagen geplant. Wolfgang Schwind hat mit seiner Statik den Stahlpreis in die Höhe getrieben und dafür gesorgt, dass das neue Schloss Elmau womöglich für die Ewigkeit gebaut ist. Armin Stegner als Bauleiter und Alfred Wabersky als Projektmanager der ALBA haben dafür gesorgt, dass der Bau trotz meiner permanenten Verbesserungen in einer Rekordzeit von insgesamt nur 13 Monaten und zu gerade noch finanzierbaren Kosten erstellt werden konnte.

Ohne die Unterstützung von RA Franz Janssen von der Kanzlei Taylor Wessing in Düsseldorf sowie dem Verhandlungsgeschick von meiner Controllerin Silvia Daferner-Schmittem hätte ich von der Allianz-Versicherung nicht genug Geld für den Wiederaufbau erhalten. Dank eines Kredits von der Kreissparkasse in Garmisch-Partenkirchen und der Landesbank Bayern in München, den Michael Kastl und Lothar Lohr eingefädelt haben, konnten auch die unvorhersehbaren Mehrkosten am Ende solide finanziert werden. Last not least danke ich meinem Partner Dietrich von Boetticher. Ohne sein Vertrauen, Rat, Risikobereitschaft und finanzielle Beteiligung wäre weder mein Engagement in Schloss Elmau noch sein Wiederaufbau möglich gewesen.

Am 21. Juni 2007 wurde nach etwas mehr als einem Jahr Planungs- und Bauzeit und begünstigt durch einen einmalig milden, fast schneefreien Winter das Schloss Elmau Luxury Spa & Cultural Hideaway und Member of the Leading Hotels of the World mit einer Reihe von hochkarätigen kulturellen, politischen, literarischen und musikalischen Veranstaltungen eröffnet. Den Anfang machten der jüdische Tarbut unter Leitung von Dr. Rachel Salamander und Prof. Dr. Michael Brenner, das »Transatlantische Forum« des German Marshall Fund aus Washington unter Leitung von seinem damaligen Präsidenten Craig Kennedy sowie das Schloss-Elmau-Symposion »Islam in Jewish Eyes, Judaism in Muslim Eyes« unter Leitung von Prof. Michael Brenner von der LMU und Prof. John Efron aus Berkeley sowie ein Swing-Festival unter Leitung von Bernd Lhotzky.

Im Oktober des gleichen Jahres wurde Schloss Elmau auf dem Hotelforum der Real-Estate-Fachmesse Expo Real als beste Hotelimmobilie Europas ausgezeichnet. 2008 gehörte Schloss Elmau als einziges Resort zu den drei Finalisten für den weltweit renommierten Mipim Award in Cannes. Unter der Leitung des Hoteldirektors Peter Kienast wurde Schloss Elmau in dem international höchst angesehenen Ranking des Schweizer Wirtschaftsmagazins *Bilanz* 2008 als erstes deutsches Ferienhotel unter die 20 besten der Welt gewählt. 2009 landete es bereits auf dem zwölften und 2010 bereits auf dem 4. Platz. 2009 wurde das Spa unter Leitung der Spa-Direktorin Dr. Imke König mit dem Gala Spa Award und das Gourmet-Restaurant Luce d'Oro unter Leitung von Michael Huesken mit einem Michelin-Stern ausgezeichnet.

2010 übernahm Nikolai Bloyd als vielleicht erster Amerikaner die Position des General Managers in einem deutschen Hotel. Mit amerikanischer Gelassenheit und Passion für Service, seinem Stellvertreter Christian Magewski und einem äußerst kompetenten Team von Direktoren und phantastischen Lehrlingen und Praktikanten aus den besten Hotelfachschulen und Universitäten sorgt er für einen ebenso achtsamen wie unaufdringlichen Service und eine für Gäste wie Mitarbeiter außergewöhnlich angenehme und persönliche Atmosphäre, in der sich jeder schnell zu Hause, anerkannt und ernst genommen fühlt. Schloss Elmau wurde nicht zuletzt auch wegen seines Talents als perfekter Gastgeber vom Schweizer Wirtschaftsmagazin *Bilanz* 2011 mit dem zweiten und 2012 mit dem ersten Platz im Ranking der weltbesten Ferienhotels belohnt.

2011 avancierte das Gourmet-Restaurant Luce d'Oro unter der Leitung von Executive Chef Mario Corti sowie Chef de Cuisine Mario Paecke mit einem Michelin-Stern und 16 Punkten im *Gault Millau* erstmals auf die Liste der 100 besten Restaurants Europas.

2012 wurde ich von dem führenden Branchenmagazin *AHGZ* zum »Hotelier des Jahres« gewählt, der wichtigsten Auszeichnung der deutschen Hotellerie. 2013 erhielt ich die gleiche Auszeichnung auch vom *Gault Millau*.

2013 würdigte die Ludwig Maximilians Universität München mein »nachhaltiges politisches Engagement sowie gesellschaftlich-öffentliche Unterstützung der LMU über einen Zeitraum von 15 Jahren« mit der Ernennung zum Ehrensenator der Universität.

2013 erhielt Schloss Elmau von Harpers Review aus den USA ganze drei Auszeichnungen: für bestes Spa der Welt, eines der 20 besten Hotels der Welt sowie Luce d'Oro für eines der zehn besten Restaurants der Welt. Kein anderes Hotel hatte in diesem Jahr so viele Auszeichnungen gleichzeitig verliehen bekommen. Dank Spa-Direktorin Dr. Imke König erhielt Schloss Elmau im Jahr 2013 auch den Tatler Spa Award in Großbritannien. Spa-Direktor und Jivamukti-Yoga-Lehrer Johannes Mikenda machte Schloss Elmau seit 2013 zu einem der besten Yoga-Retreats der Welt.

Auch wenn es ein perfektes Hotel für alle nicht geben wird, so gibt es keinen Grund, es mit ständigen Verbesserungen und Gelassenheit nicht immer wieder von neuem zu versuchen. Vor allem das weltweit einzigartige Kulturprogramm mit einigen der besten Künstler und Autoren unserer Zeit setzt unter der Leitung von Dr. Silke Zimmermann immer wieder neue Maßstäbe, die nicht nur Gäste von Schloss Elmau begeistern, sondern auch alle Mitarbeiter immer wieder aufs Neue motivieren, ihr Bestes zu geben. Ihnen allen gilt mein allergrößter Dank, denn ohne ihren Einsatz würden weder berühmte Künstler noch anspruchsvolle Gäste in Schloss Elmau gerne ihre wertvolle freie Zeit verbringen.

ALS ZWEI HOTELS IN EINEM

Der Plan zum Bau eines zweiten Hotels mit weniger und dafür wesentlich größeren Zimmern entstand bereits während dem Wiederaufbau von Schloss Elmau. Ich wollte die Anzahl der Zimmer von Schloss Elmau entsprechend der Größe seines Konzertsaals wieder erhöhen und gleichzeitig die neu gewonnene Großzügigkeit bewahren. Zudem wollte ich mit dem Bau von acht identisch großen Familiensuiten die Chancen eines G8-Gipfels in Schloss Elmau erhöhen.

Das Schloss Elmau Retreat – Luxury Suites & Spa ist ein Hotel im Hotel, sowohl Teil von Schloss Elmau als auch eine Welt für sich in versteckter Hanglage nur 150 m westlich vom Schloss. Die 47 großzügigen Suiten, drei Restaurants und Lounges mit offenen Kaminen, Terrassen und großer Bibliothek sowie das Spa mit Yoga-Pavillon und getrennten Bereichen für Erwachsene, Damen und Familien bieten Gäste von Schloss Elmau noch eine weitere Dimension von Freiheit und Geborgenheit mit einer bisher unbekannten spektakulären Aussicht auf den monumentalen Wetterstein und rauschenden Ferchenbach.

An gleicher Stelle stand vormals mein Elternhaus, das 1951 von Dieter Sattler, einem Sohn von Carlo Sattler, als Personalhaus gebaut und dessen schlichte Architektur der Schönheit der Lage nicht gerecht wurde. Während mein Vater früher hier vom Balkon aus den weiten Blick über das Tal auf die Berge genoss, sonnte sich meine Mutter am liebsten unten im Tal am Ferchenbach, in dem ich Staudämme baute, um das Wasser anzuhalten und darin zu baden. Sie starb am 19. November 2013 nach einem erfüllten Leben im Kreis ihrer Kinder, Enkel und Urenkel. Sie hatte mich immer ermutigt, der eigenen und der Freiheit anderer so viel Raum wie nur möglich zu geben. Im Schloss Elmau Retreat werde ich immer mehr als anderswo an sie denken.

Ab März 2015 haben Gäste von Schloss Elmau nicht mehr nur die Freiheit der Wahl zwischen vielfältigen kulturellen Veranstaltungen und Alternativen zum Nichtstun, verschiedenen Zimmern, Suiten, Spas, Restaurants, Lounges und Bibliotheken, sondern auch zwischen zwei Hotels in einem. Man kann sich für eines der beiden entscheiden, ohne auf die Möglichkeiten des anderen verzichten zu müssen.

TEIL II

MEINE DEUTSCHE GESCHICHTE

DIE FREIHEIT UND IHRE FEINDE – ÜBER DIE ABGRÜNDE DEUTSCHER ZIVILISATIONSKRITIK

Immer wieder habe ich mich gefragt, warum ausgerechnet die für ihre Hochkultur so geschätzten Deutschen die Juden, denen sie zu Anfang des 20. Jahrhunderts wissenschaftlich, wirtschaftlich und kulturell doch so viel verdankten, gegen alle Vernunft, gleichsam grundlos, entrechtet, enteignet und vertrieben haben und schließlich während des Zweiten Weltkriegs in ihrem europäischen Machtbereich jenseits aller eigentlichen Kriegshandlungen als Volk vernichten wollten.

Ebenso habe ich mich gefragt, warum der Antiamerikanismus, hinter dem sich meist doch nur Antisemitismus versteckt, gerade bei vermeintlich aufgeklärten Eliten in Deutschland immer noch so weitverbreitet ist, obwohl dieses Land doch vor allem der USA die Einigung Europas, seine Freiheit, Sicherheit, Wohlstand und Wiedervereinigung verdankt.

Komplexität und Kontingenz in der Geschichte erlauben keine monokausalen Erklärungen. Ohne eine Auseinandersetzung mit ideengeschichtlichen Voraussetzungen des Geschehens kann die Frage nach dem »Warum« allerdings gar nicht gestellt und auch ein »Nie wieder« nicht ernst genommen werden. Auf der Suche nach Antworten und weitergehenden Fragen habe ich eine Reihe von Schloss-Elmau-Symposien durchgeführt. Die nachfolgenden Darlegungen sind eine Zusammenfassung meiner dabei gewonnenen Einsichten über die Freiheit und ihre Feinde und die Abgründe deutscher Zivilisationskritik.

In Deutschland ist es zunehmend Mode geworden, die Gründe für den Holocaust in zweckrationalen und zivilisatorischen Anteilen der säkularen Moderne zu suchen. Auch wenn hier bei weitem nicht alle Gesichtspunkte erschöpfend behandelt werden können, möchte ich doch die These wagen, dass der Zivilisationsbruch der Deutschen an den Juden im 20. Jahrhundert nicht zuletzt bereits am Ende des 19. Jahrhunderts in genau dieser Zivilisations- und Kapitalismuskritik an der angloamerikanischen Moderne und den Juden als deren Symbol angelegt war.

Verachtet wurde Nützlichkeitsdenken und individualistische Überhöhung des Ich. Sie führen zum Verfall und letztendlich zum Untergang einer eindeutigen Kultur- und Volksgemeinschaft solidarischer Stammesbrüder, die ohne menschliches Zutun schicksalhaft und organisch aus unmittelbarer Verbindung mit Gott hervorgegangen und gewachsen sei. Die Freiheit vom Ich in der Volksgemeinschaft war innerweltliches Erlösungsideal der kulturprotestantischen Zivilisations- und Kapitalismuskritik. Ihr Feindbild ist die Freiheit des Ich in einer mehrdeutigen, weil von individuellen Eigeninteressen geleiteten Zivilisation und Gesellschaft einander gleichgültiger Fremder. Beides deckte sich nahtlos mit dem ebenfalls gegen alle Vernunft gerichteten, antizivilisatorischen Imperativ »Das Ich ist nichts, das Volk ist alles« der Nationalsozialisten.

Die deutsche Zivilisations- und Kapitalismuskritik war nicht zuletzt von führenden Vertretern des Kulturprotestantismus formuliert worden, der aus der »Religionsgeschichtlichen Schule« der liberalen Theologie hervorgegangen war. Mit der fragwürdigen Verbindung von Offenbarungslehre und Wissenschaft sollte Glauben einsichtig sowie Religion und Vernunft in einer einheitlichen Bildungsreligion jenseits konfessioneller Beschränkungen in Einklang gebracht werden. Damit wurde dem Glauben um des Glaubens willen und als Gegenmacht des Politischen allerdings die Grundlage entzogen. Zudem sollte das Christentum im Sinne der Enterbungstheologie von seinen jüdischen Wurzeln abgelöst und ein Anspruch auf Auserwähltheit begründet werden, der den Deutschen aufgrund ihrer »angeborenen Disposition zu überragenden Kulturleistungen, Sachlichkeit und Moral« (von Harnack) zustehe. Wegen seiner moralischen und kulturellen Überlegenheit sollte Deutschland von den Seemächten Amerika und England zumindest als gleichberechtigte Weltmacht anerkannt werden und sich in geschichtsphilosophischer und heilsgeschichtlicher Mission dem Individualismus, Subjektivismus, Kapitalismus, Materialismus und Universalismus der zivilisatorischen, technologischen und säkularen Moderne entgegenstellen.

Adolf von Harnack (1851–1930) war der Begründer und die allseits bei Juden wie Deutschen höchst angesehene Lichtgestalt des Kulturprotestantismus. Wie kein Zweiter stand er für die verhängnisvolle Verweltlichung von Religion und ihrer Verflechtung mit Politik in Deutschland. Er gilt als der wirkungsmächtigste Theologe und Kirchenhistoriker des 19. und 20. Jahrhunderts. Seine bis heute anhaltende theo-politische Wirkung war größer als die aller anderen ihm folgenden »Religions-Intellektuellen« (Friedrich Wilhelm Graf).

In seinem letzten Lebensjahrzehnt wurde von Harnack zu einem regelmäßigen Gast in Schloss Elmau und Bewunderer des Theologen Johannes Müller (1864–1949). Nach der unerwarteten

Machtübergabe an Hitler, den Johannes Müller bis dahin immer ignoriert hatte, wollte er völlig überraschend insbesondere für seine jüdischen Freunde in Hitler plötzlich den Führer einer »Nationalen Revolution des Gemeinnutzes über den Eigennutz« sehen. Gleichzeitig kritisierte er jedoch öffentlich den Antisemitismus der Nationalsozialisten als Schande für Deutschland und bezeichnete die Juden als »edelste Vertreter des geistigen Adels«, ohne deren Hilfe die nationale Revolution überhaupt nicht gelingen könne. Die Widersprüche in seiner Geschichte erhellen vielleicht besser als manch andere die Abgründe innerweltlicher Erlösungsideale deutscher Zivilisationskritik und die verheerende Verbindung von moralischer Überheblichkeit mit politischer Unterwürfigkeit.

Der Vergleich seiner Theologie mit jener von Karl Barth und Erik Peterson, die wie er ebenfalls in der »Religionsgeschichtlichen Schule« ausgebildet worden waren, jedoch zu Gegnern des Kulturprotestantismus und Nationalsozialismus wurden, und insbesondere mit dem Theologen Martin Niemöller, der trotz seines Antisemitismus und seines lutherischen Pathos für das Vaterland zum Gegner Hitlers werden sollte, verweist auf die Bewahrung dogmatischer bzw. säkularer Vernunft als den vielleicht kleinsten gemeinsamen Nenner eines theologisch begründeten Widerstandes gegen den Nationalsozialismus, der allerdings nur bei Dietrich Bonhoeffer auch als Beistand für die Juden gedacht war.

Die Beschäftigung mit den Idealen und Feindbildern von Johannes Müller erscheint mir vor allem interessant, weil er nicht nur zwischen Barth und von Harnack stand und beide schätzte, sondern weil er wie vielleicht kein Zweiter seiner Zunft trotz seiner späteren Hitlerhörigkeit nicht nur den Antisemitismus der Deutschen öffentlich kritisierte, sondern die Juden verehrte, denen Deutschland doch so viel verdanke. Gerade die Paradoxien in seiner Geschichte und die Gegensätze seiner Theologie zu jener von Karl Barth erhellen aus meiner Sicht die doch naheliegende und dennoch bis heute vernachlässigte Frage nach der Ideengeschichte und politischen Relevanz kulturprotestantischer Religionskultur und Zivilisationskritik für den Zivilisationsbruch der Deutschen an den Juden.

In der Auseinandersetzung mit der politischen Relevanz und den Abgründen kulturprotestantischer Religionskultur und Zivilisationskritik habe ich mich auf die Auseinandersetzung mit den prominentesten Vertretern und Gegnern des Kulturprotestantismus beschränkt. Es steht völlig außer Frage, dass es zwischen von Harnack und Troeltsch auf der einen und Karl Barth und Erik Peterson auf der anderen Seite vielfältige Schattierungen und Ausnahmen wie Dietrich Bonhoeffer, Martin Niemöller, Paul Tillich und Johannes Müller gibt. Ich wollte jedoch in diesem Essay Relativierungen vermeiden, die nicht zu einem Mehr an Erkenntnis, sondern nur zu politischer Unentschiedenheit führen.

Die politisch »hemmungslos konformistischen Eliten« (Hannah Arendt) des kulturprotestantisch eingestellten Bildungsbürgertums hatten sich nach der Machtübergabe an Hitler unverzüglich auch mit dem NS-Regime verbündet. 1933 waren laut dem Historiker Norbert Frei (Jena) bereits über 70 Prozent der nationalsozialistischen Funktionseliten Luther-Protestanten. Vor allen anderen und in vorauseilendem Gehorsam hatten auch die Professoren an den Universitäten schon im April 1933 die Entlassung aller ihrer jüdischen Kollegen aus Amt und Würden betrieben. Martin Heidegger, dessen Philosophie und Zivilisationskritik ganz offensichtlich von kulturprotestantischen Idealen und Feindbildern geprägt war, hatte zuvor die metaphysische »Eigentlichkeit des deutschen Volkes« entdeckt und den »Ruf des Seins« gehört und wollte sich sogar an die Spitze der Bewegung setzen.

Ohne die aktive oder passive Rückendeckung der Mehrheit der meinungsführenden kulturprotestantisch sozialisierten Bildungseliten hätte Hitler weder die in aller Öffentlichkeit erfolgte systematische Entrechtung, Enteignung und Vertreibung der deutschen Juden noch deren Vernichtung durchführen können.

Das »Ressentiment gegen das normative Projekt des Westens« (Heinrich August Winkler) deutscher Zivilisations- und Kapitalismuskritik lässt sich bis zu gegensätzlichen Idealen von Freiheit, der Freiheit vom Ich und der Freiheit des Ich, der beiden Reformatoren Luther und Calvin und den ihnen folgenden Aufklärungen in Deutschland und Schottland zurückverfolgen.

Weder die historische Auseinandersetzung mit dem Zivilisationsbruch noch eine dank der USA über 50-jährige Periode ungekannten Wohlstands in Frieden und Freiheit konnten die Zivilisations- und Kapitalismuskritik am Westen diskreditieren. Das Feindbild Amerika eint in Deutschland Linke wie Rechte.

So konnte sich nach der Wiedervereinigung Deutschlands und insbesondere nach der vermeintlichen Schwächung der USA durch den Terrorangriff am 11. September 2001 eine zunehmende außenpolitische Entfremdung von den USA und Annäherung an Russland schleichend einstellen. Zuletzt hat auch die mit moralischer Überheblichkeit und Entrüstung befeuerte Euro-Krise das Vertrauen in Berechenbarkeit und Verlässlichkeit der deutschen Westbindung nachhaltig beschädigt.

Die Osterweiterung der Nato und die Einführung des Euro sollten die Westbindung des wiedervereinigten Deutschlands festigen, ohne die es für Europa ökonomisch zu groß und politisch zu klein und unberechenbar bleiben würde. Es stellt sich jedoch die Frage, ob die damit notwendig gewordene Vertiefung der europäischen Einigung ohne vertrauensbildende Vertiefung der Westbindung Deutschlands überhaupt gelingen kann.

VON DER ZIVILISATIONSKRITIK ZUM ZIVILISATIONSBRUCH

Über Jahrhunderte hinweg hatten Christen Juden keinen anderen Broterwerb gewährt als den Tauschhandel und dabei vor allem den Handel mit dem flüchtigen Geld, bei dem Zinsen erwirtschaftet, d h. Geld mittels Geld und ohne schweißtreibende Arbeit vermehrt werden konnte. Die Juden wurden so zunehmend mit den negativen Tugenden des Geldes identifiziert – von der »Zinsknechtschaft« bis hin zum blanken Utilitarismus, der zur Auflösung traditioneller Bindungen an Glaube und Herkunft führe. Im 19. Jahrhundert wurde der von Christen zum ewigen Wanderer verdammte Jude Ahasver zum Symbol der Elemente individueller Freiheit – Kapital, Freihandel und Migration – und der rastlosen Moderne: »der archetypische Exilant, kosmopolitische Migrant, der nie zur Ruhe kommt, nirgendwo Wurzeln schlägt und keine dauerhaften Beziehungen eingehen kann, der typische Bewohner der Großstadt« (Dietrich Schwanitz).

Die Juden seien von Gott abgefallen und hätten sich aus Eigennutz dem Mammon verschrieben. Ichbezogen und deshalb unrein und ohne ungetrübte Verbindung zur Urquelle alles Schöpferischen könnten sie weder kreativ noch produktiv sein und nur noch von der Arbeit anderer leben, mit ihrem Egoismus deren Gemeinwesen zersetzen und das Wahre bestenfalls unbeholfen und rechthaberisch wie Beckmesser in Richard Wagners Oper *Die Meistersinger von Nürnberg* verfälschen.

Die Deutschen seien dagegen aufgrund ihrer »von Gott gegebenen Disposition zu reiner Moral, Sachlichkeit und überragenden Kulturleistungen« (Adolf von Harnack) nicht nur zur Schaffung ewig gültiger Werke, sondern auch als auserwähltes Volk Gottes anstelle der Juden auserkoren und zur Weltherrschaft prädestiniert. »Am deutschen Wesen sollte die Welt genesen« (Johannes Geibel) und von der »jüdischen Wesens- und Kulturlosigkeit« (von Harnack) der zivilisatorischen und kapitalistischen Moderne erlöst werden. Juden wurden zum essentialisierten Negativ alles Deutschen und zu ihrem »Unglück« (Heinrich von Treitschke) schlechthin. Die Identifizierung der Deutschen mit Essenz, Gott, dem Wir und Moral, die der Juden und von Amerika hingegen mit Tausch, Geld, dem Ich und Interesse ist bis heute besonderes Merkmal des deutschen Antisemitismus wie auch Antiamerikanismus geblieben. Allerdings hätten sich Deutsche mit dem jüdischen Bazillus intellektueller Abstraktion, zweckrationalen Nützlichkeits- und Vorteilsdenkens sowie gottesferner Oberflächlichkeit der kommerzialisierten und seinsvergessenen Moderne infiziert und seien deshalb verjudet und entartet. Sie könnten sich von der Verunreinigung ihres Denkens nur durch zweckfreies Denken und uneigennütziges Handeln reinigen und schützen (»Wir sind Helden, keine Händler«, Werner Sombart). Nur wenn sie sich selbstlos mit der in ihnen angelegten »zum Dienen bereiten Freiheit« (von Harnack) und Bereitschaft zum freiwilligen Autonomieverzicht dem großen Ganzen der organisch und schicksalhaft gewachsenen Kultur- und Volksgemeinschaft ein- und unterordnen, könnten sie von ihrem selbstbezogenen Ich erlöst und wieder mit Gott und ihrem Volk eins und heil werden.

Richard Wagner zelebriert in seinem letzten und ihm wichtigsten Werk, dem »Bühnenweihfestspiel« *Parsifal*, das nach seinem Willen nur in Bayreuth aufgeführt und nie von einem Juden dirigiert werden sollte, die »Erlösung des Erlösers«, die Reinigung des arischen Christus von seinem unreinen, weil vom Ich besessenen jüdischen Blut. Parsifal konnte die nicht heilen wollende Wunde des Amfortas, die sich dieser durch eigennützige Überschreitung der von Gott gesetzten Ordnung der Völker beim Geschlechtsakt mit der Jüdin Kundry zugezogen und sich dabei mit dem jüdischen Bazillus zweckrationalen und ichbezogenen Vorteilsdenkens infiziert hatte, nur heilen, weil er als »reiner deutscher Tor« nicht die geringste Spur davon in sich trug. Nur so konnte er der Versuchung der Kundry heldenhaft widerstehen und sie aus Mitleid ihrem erlösenden Untergang preisgeben.

Mit der überwältigenden Wirkung des hypnotisierenden Gleichklangs wird der geistige »Erlösungsantisemitismus« (Saul Friedländer) Richard Wagners in Deutschland bis in die Gegenwart – vorzugsweise am Karfreitag – vor einem überwiegend zivilisationskritischen und nach kunstreligiöser Erlösung süchtigen Bildungsbürgertum andächtig zelebriert. (Der Jude Hermann Levy, der als bester Dirigent seiner Zeit galt und nur auf Druck von König Ludwig II. die Uraufführung des Parsifal in Bayreuth dirigieren durfte, zeigt allerdings anders als Woody Allen in seinem Film *Zelig*, dass nicht jeder von der Gewalt einer Wagner-Oper so überwältigt werden kann, dass er nicht mehr umhinkann, Polen zu überfallen. König Ludwig II. war von dem Antisemitismus Richard Wagners »angewidert«.)

Cosima Wagners Schwiegersohn Houston Chamberlain, enger Vertrauter und Berater Kaiser Wilhelms II., angesehener Publizist und Brieffreund von Adolf von Harnack, Bewunderer von Paul de Lagarde, Förderer von Hitler und der vielleicht radikalste Antisemit seiner Zeit, erwartete von dem Plebejer und Wagnerianer Hitler nicht weniger als die vollständige Ausrottung der Juden (Wolfram Kinzig, Briefwechsel Chamberlain – von Harnack). Winifred Wagner, die Schwiegertochter Richard Wagners und nach dem Tod ihres Mannes Siegfried alleinige Herrin von Bayreuth, war Hitler völlig verfallen. Sie hatte ihn bereits Anfang der 20er-Jahre bei gesellschaftlich wie politisch höchst einflussreichen Wagnerianern salonfähig gemacht und beim Verfassen von *Mein Kampf* während seiner Haft unterstützt. Im Jahr seiner Machtergreifung wurde Hitler unverzüglich auf dem Titelblatt des Programmheftes der Richard-Wagner-Festspiele in Bayreuth abgebildet und als arischer Christus und Messias gefeiert. (Bis heute gelang es Bayreuth, sich mit seinem »Hier gilt's der Kunst, nicht der Politik« und der »Flucht ins Allgemeine« [Hartmut Zylinsky] des universal Menschlichen und die damit einhergehende politische Verantwortungslosigkeit einer öffentlichen Auseinandersetzung mit seiner Geschichte zu entziehen.)

Das Weltbild Hitlers war seit früher Jugend von der Zivilisations- und Kapitalismuskritik des fanatischen Lutheraners und Antisemiten Richard Wagner bestimmt, dessen ästhetisches Gebot der Erlösung der gottgefälligen weil selbstlosen und deshalb genialen Deutschen durch Eliminierung der von Gott abgefallenen, weil selbstbezogenen und deshalb unproduktiven Juden er als seinen messianischen und politischen Auftrag verstehen und verwirklichen wollte. (»Ob der Verfall unsrer Kultur durch eine gewaltsame Auswerfung des zersetzenden fremden Elements aufgehalten werden könne, vermag ich nicht zu beurteilen, weil hierzu Kräfte gehören müssten, deren Vorhandensein mir unbekannt ist.« Richard Wagner in »Das Judenthum in der Musik«, 1850.)

Hitler hatte sich auch für die Idee einer antisemitischen deutschen Nationalreligion des Göttinger Kulturphilosophen, Theologen und Orientalisten Paul de Lagarde begeistert. De Lagarde war ein Anhänger Johann Gottlieb Fichtes und hatte trotz seiner Ablehnung Luthers allergrößten Einfluss auf die Begründung der sogenannten »Religionsgeschichtlichen Schule« der liberalen Theologie und den später aus ihr hervorgegangenen Kulturprotestantismus. Der Chefideologe der Nationalsozialisten Alfred Rosenberg benannte de Lagarde zusammen mit Fichte als den Vordenker des Nationalsozialismus (Ulrich Sieg).

Mit Bezug auf die von Joachim von Floris im 12. Jahrhundert verkündete Lehre der drei Reiche – das alttestamentarische »Reich des Vaters«, das christliche »Reich des Sohnes« und schließlich das »Reich der Erlösung und des Führers«, dessen Angehörige als die wahren Wissenden in direkter Verbindung zu Gott stehen würden –, wollte der belesene Hitler das von ihm proklamierte »Dritte Reich«, das tausend Jahre bzw. ewig andauern sollte, im Sinne einer apokalyptischen Eschatologie und politischen Theologie auch geschichtstheologisch legitimieren: »Indem ich mich des Juden erwehre, erfülle ich das Werk des Herrn« (*Mein Kampf*). Der angeblich in Blut und Boden wurzelnde deutsche Volkskörper sollte durch Entrechtung, Enteignung und Vertreibung sowie mit Hilfe der Nürnberger Gesetze vor weiteren Verunreinigungen durch »Rassenschande« vor dem flüchtigen Geist der Juden geschützt und in der »Endlösung« während des Zweiten Weltkriegs durch deren Vernichtung als Volk endgültig erlöst werden. In der grausamen Verkehrung des jiddischen Topos des Luftmenschen haben die bodenständigen Deutschen die von ihnen zuvor entwurzelten Juden im Holocaust vergast und als »Rauch in den Lüften« (Paul Celan) vergehen lassen.

Der deutsche Zivilisationsbruch war ein in der deutschen Zivilisations- und Kapitalismuskritik angelegter Bruch mit aller menschlichen Vernunft. Die Juden wurden von den Deutschen als gleichsam negativ auserwähltes Volk und Symbol der zivilisatorischen Moderne entgegen aller Vernunft sogar noch aus den entlegensten Winkeln Europas zur Vernichtung in die Mitte Europas deportiert, um sie dort zu ermorden. In den Gettos waren sie zuvor entwürdigt und auf zynische und menschenverachtende Weise bis zum bitteren Ende in dem zivilisatorisch vernünftigen Glauben gelassen worden, durch vermeintlich nützliche Arbeit und Kooperation ihr Leben – zumindest das der meisten – bewahren zu können.

Zur Beförderung seines Ziels hatte Hitler einen von Anfang an aussichtslosen Weltkrieg mit am Ende über 50 Millionen Toten begonnen und die Kriegsführung auch zum Nachteil der eigenen Truppen der Vernichtung der Juden untergeordnet. Bürokratische Organisation und technische Durchführung waren ebenso wenig gedankenlos und banal wie die Bereitschaft, an der Vernichtung teilzuhaben und dabei letzte Reste von Vernunft und Menschlichkeit zu überwinden. Die entscheidenden Täter und ihre Helfer waren, anders als Hannah Arendt meinte, keine hergelaufenen Hanswurste, sondern meist gebildete und skrupellose Egoisten und raffinierte Sadisten, die genau wussten und wollten, was sie taten.

IDEENGESCHICHTLICHE URSPRÜNGE DEUTSCHER ZIVILISATIONSKRITIK

Das deutsche Ressentiment gegen das normative Projekt des Westens lässt sich bis zu den gegensätzlichen Idealen von Freiheit, dem vernunftfeindlichen Ideal der Freiheit vom Ich und dem vernunftbejahenden Ideal der Freiheit des Ich, in den beiden Reformationen Luthers und Calvins und den auf sie folgenden Aufklärungen zurückverfolgen.

Für Luther war Vernunft die Antithese zum Glauben. Alles, was dem menschlichen Bewusstsein und Willen entstammt, sei Gott ein Gräuel. Der Gläubige könne sein Seelenheil nicht selbst erlangen, sondern nur als Geschenk der Gnade Gottes empfangen (»sola fide, sola gratia«).

Dagegen gewann Calvin in der Erfahrung göttlicher Allmacht im Glauben das Selbstvertrauen, sich in dieser Welt zu verwirklichen und damit Gottes Schöpfung zu vervollkommnen, auch wenn dies immer nur Stückwerk bleiben und seiner Vollendung durch Gott nur entgegengehen könne. Erfolg war Zeichen der Gnade Gottes, deren man sich allerdings wegen der Uneinsehbarkeit göttlicher Vorbestimmung nie gewiss sein könne.

Die Erwartung eines späteren werkgerechten Lohns für eine gute Tat war für Calvin und Hume anders als bei Luther und Kant keinesfalls ethisch verwerflich, sondern vernünftig, da auch das Gute sein eigener Lohn sein könne. Kapital war nicht verhasst, sondern Geld gewordene Arbeit; angemessener Zins nicht untersagt, sondern Geld gewordene Zeit.

Der calvinistische Glaube an den zivilisatorischen Fortschritt basierte auf der jüdischen Vorstellung einer unvollkommenen Schöpfung Gottes, die von Menschen weiterzuentwickeln und ständig zu verbessern sei. Dies stellte für Luther jedoch die Idee der Vollkommenheit Gottes und seiner Offenbarung in Frage.

Im Gegensatz zu Luther, für den das mosaische Gesetz mit dem Erscheinen des Messias hinfällig geworden war, hatte Calvin auch an der jüdischen Gesetzesverkündigung und der zivilisatorischen Idee der Werkgerechtigkeit festgehalten. Trotz seiner Ablehnung der jüdischen Schriftauslegung blieben bei Calvin konvertierte Juden ebenso wie jene, die nicht zur Konversion bereit waren, im Gegensatz zu Luther, der sie deswegen von seinen Fürsten vertrieben und mit »Stumpf und Stiel« ausgerottet sehen wollte, immer die erstgeborenen Brüder und das auserwählte Volk Gottes. Dieser habe den Bund mit ihnen nie aufgekündigt und was »er einmal erwählt, nie verworfen«. Der berühmte Luther-Biograf Heiko Obermann vertrat daher die Ansicht, dass Calvin das »Gegengift gegen den christlichen Antijudaismus« gefunden habe.

Obwohl sich beide auf den englischen Philosophen Wilhelm von Ockham als Vordenker beriefen, sind die Gegensätze zwischen Luther und Calvin möglicherweise nicht zuletzt in ihren unterschiedlichen Biografien begründet. Calvins Leben war wie das der Juden von Verfolgung, Flucht und Exil gezeichnet. Luther stand unter dem Schutz der Fürsten und blieb zeit seines Lebens, mit Ausnahme einer Reise nach Rom und nach Augsburg, in seiner Heimat verwurzelt.

Die beiden Reformationen begründeten auch divergierende Traditionen der Aufklärung. Die von Luther geforderte Übertragung kirchlicher Macht auf den Staat und die Kritik der reinen Vernunft des Lutheraners Immanuel Kant hatten den antisäkularen und metaphysischen Impetus der deutschen Aufklärung geprägt. Calvin und die von ihm inspirierte schottische Aufklärung bestanden dagegen auf einer strikten Trennung von Religion und Politik.

David Hume hatte jeden metaphysisch auf ein jenseitiges »Sein an sich« begründeten Absolutheitsanspruch und die damit verbundene Preisgabe der Urteilskraft abgelehnt, da für ihn A-priori-Aussagen in der vom Menschen erfahrbaren Welt weder widerlegbar noch überprüfbar waren (»We never advance a step beyond ourselves«). Damit entzog er einer Politischen Theologie, Utopie oder Geschichtsphilosophie die jenseitige, nicht mehr hinterfragbare Grundlage. Vielleicht ist dies auch Erklärung für das mangelnde Interesse deutscher Intellektueller an seiner Philosophie.

Anders als die schottischen Aufklärer wollte Kant Vernunft und Wollen nicht pragmatisch und abwägend in Übereinstimmung bringen, sondern aus einem absoluten Sein an sich im Jenseits auf ein absolutes Sollen im Diesseits schließen. Nicht die über jeden Zweifel erhabene, weil metaphysisch entrückte Überhöhung, sondern die nicht zu bestreitende, weil empirisch erwiesene Beschränktheit menschlichen Seins und Denkens war für schottische Aufklärer Grundlage zivilisierter Politik.

Calvin inspirierte mit seinen Ideen den Liberalismus des schottischen Frühaufklärers John Locke, den Empirismus und Skeptizismus von David Hume, die politische Ökonomie von Adam

Smith und damit die technische und industrielle Revolution und den modernen Kapitalismus der angloamerikanischen Moderne.

Die anhaltende Assoziation der angloamerikanischen und kapitalistischen Moderne mit dem Judentum beruhte darauf, dass die »Desakralisierung der Natur, irdischer Herrschaft und der Idee des Heldentums« (Tomas Sedláček) und das daraus abgeleitete zivilisatorische Ideal individueller Freiheit und Verantwortung zur permanenten Verbesserung einer immer unvollkommen bleibenden Welt bereits ein biblisches Ideal war, an das Calvin anknüpfte und das auch Juden die Perspektive gesellschaftlicher Gleichberechtigung eröffnen konnte. Werner Sombart meinte daher im angelsächsischen Kapitalismus die gleichen »Hauptideen« und den »gleichen Geist« wie im Judentum erkennen zu können. Antiamerikanismus ist seither meist »sekundärer Antisemitismus« (Dan Diner), der nur scheinbar politisch korrekt hinter Zivilisations- und Kapitalismuskritik an Amerika versteckt wird.

Das französische Ideal der »Freiheit von Gott« und das angloamerikanische Ideal der »Freiheit des Ich« wie auch die Utopie des kommunistischen Kollektivismus erhoben miteinander konkurrierende universale und zivilisatorische Ansprüche. Dagegen verstand sich das Ideal der Freiheit vom Ich der »reaktionären deutschen Moderne« (Jeffrey Herf) als deren völkischer und antizivilisatorischer Gegenentwurf.

In Amerika führte die Revolution anders als in Frankreich nicht zu jakobinischem Terror und Entchristianisierung. Der Transzendenzbezug (»In God we trust«) der amerikanischen Rechtsgemeinschaft ermöglichte vielmehr die Anerkennung gleichberechtigter Partikularismen in einer offenen und pluralistischen Gesellschaft. Die auf der Gleichheit vor dem Gesetz beruhende Ethik des Pragmatismus respektiert die Freiheit der anderen als Begrenzung der eigenen und zielt auf den ausgewogenen Kompromiss in einem vertraglich vereinbarten Ausgleich divergierender Interessen.

Skepsis und Entzauberung eines Diesseits, dem keine letzte Gewissheit eigen ist, bestärken offenbar den Glauben an ein unbegreifliches Jenseits. Dies erklärt vielleicht die ausgeprägte, ohne Zwang und Scheu offen bekannte, tiefe Religiosität der Mehrheit der Bürger des calvinistisch sozialisierten und säkularen Amerika, in dem vielleicht mehr Menschen inbrünstig eine Kirche, Synagoge, Moschee oder einen Tempel besuchen und ihren Glauben freiwillig öffentlich bekennen als in irgendeinem anderen Land der Erde.

Auch der Transzendentalismus Ralph Waldo Emersons, der zu eigenständigem Selbstvertrauen, selbstverantwortlichem Handeln und Selbstverwirklichung aufrief und damit den American Dream formulierte, von dem auch Nietzsche beeindruckt wurde, geht auf die Ideen Calvins zurück. Leopold von Ranke bezeichnete Calvin sogar als den Gründer Amerikas.

Die zivilisatorische Ausnahmestellung des »American Exceptionalism« erklärt seinen anhaltend universalen Anspruch und die ungebrochene Attraktivität der USA für Einwanderer aus aller Welt. Die darauf beruhende Innovations- und Wirtschaftskraft untermauert seine geopolitische Vormachtstellung. Selbst China, das sich über Jahrtausende als Mittelpunkt der zivilisierten Welt verstand, blickt auf Amerika als zivilisatorisches Vorbild, auch wenn alle Welt derzeit nach China schaut.

PROFANISIERUNG DES SAKRALEN

Mitte des 19. Jahrhunderts wurde in Deutschland die »Religionsgeschichtliche Schule« der liberalen protestantischen Theologie maßgeblich von Albrecht Ritschl und Paul de Lagarde begründet. Ritschl, der ein Anhänger Kants war, wollte den Glauben durch radikale Kritik an Dogma und Bibel mittels historisch-kritischer Methode einsichtig machen, was jedoch dem Glauben um des Glaubens willen und als Gegenmacht alles Endlichen und Politischen seine Grundlage entzog. Theologie wollte sich fortan durch Berufung auf objektive Wissenschaft und Politik durch Berufung auf vermeintlich objektive Theologie über alle Zweifel erheben.

Adolf von Harnack war der berühmteste Schüler Ritschls. Er wurde auf Betreiben Otto von Bismarcks gegen den Willen des ev. Oberkirchenrats als ordentlicher Professor Mitglied der Theologischen Fakultät der Friedrich-Wilhelms-Universität zu Berlin berufen und später ihr Rektor. Als Mitglied der Berliner Akademie der Wissenschaften war er einer der engsten Berater des Kaisers, Gründer und Präsident der Kaiser-Wilhelm-Gesellschaft (heute Max-Planck-Gesellschaft) und Doyen des deutschen Wissenschaftsbetriebs. Harnack war ein Verfechter von Monarchie und einer Gelehrtenrepublik. Politik sollte durch vermeintliches Herrschaftswissen legitimiert werden, das sich Bildungseliten gemäß dem humanistischen Bildungsideal bei der Lektüre ewiger metaphysischer Wahrheiten in den Werken der Antike angeeignet hatten.

Von Harnack war Mitglied eines Gremiums renommierter Eliten, das der Regierung Bethmann-Hollwegs Ratschläge erteilen sollte. Getagt wurde vor und während des Ersten Weltkriegs am Mittwochabend (bekannt sind die Treffen als »Mittwochsgesellschaft«) vierzehntäglich unter Leitung von Hans Delbrück, seinem Schwager und vormaligen Mitarbeiter von Treitschke. Zu den Teilnehmern gehörten auch Friedrich Meinecke, Friedrich Naumann und Ernst Troeltsch sowie Industrielle wie Walther Rathenau. Harnack setzte sich zeitlebens vordringlich und in maßgeblicher Position auch für die Weiterentwicklung des von Bismarck gegründeten Sozialversicherungssystems ein, weil er wohl wusste, dass seine theologisch begründete Forderung zum freiwilligen Autonomieverzicht zugunsten des moralischen Führungsanspruchs der Gelehrten selbst bei obrigkeitshörigen Deutschen, deren bürgerliche Revolution gescheitert war, nur bei sozialer Absicherung der Lebensrisiken des Einzelnen durch die Volksgemeinschaft Gehör finden würde.

Wegen der von ihm postulierten moralischen Superiorität der Deutschen forderte er gegenüber dem mit ihm befreundeten Bishop of Canterbury bereits vor dem Ersten Weltkrieg sogar die notfalls durch Aufrüstung und einen Krieg zu erzwingende weltpolitische Gleichberechtigung der Landmacht Deutschland mit den Seemächten England und USA. Zuvor hatte er sich noch für eine Verständigung mit England und eine gemeinsame Front gegen das von ihm als »asiatische Halbkultur« verachtete Russland eingesetzt. Obwohl er den alldeutschen Imperialismus ablehnte und für Mäßigung plädierte, wollte er die deutsche Kultur zumindest im Osten durch Vasallenstaaten abgesichert sehen.

Von Harnack hatte sich auch für den »antirationalistisch gefassten Naturbegriff« von Houston Chamberlain, der seinem eigenen »empiro-ideologisch« ausgerichteten Naturverständnis entgegenkam, begeistert. »Chamberlains aktualisierender Polemik gegen die zeitgenössische, mechanische Wissenschaft und die Materialisierung des Denkens stimmte von Harnack lebhaft zu; in der Forderung nach einem naturphilosophischen Monismus traf sich der Publizist mit dem Kirchenhistoriker. Über Goethe hinaus beeindruckte von Harnack bei Chamberlain das geschlossene Deutungsangebot, das die kulturelle und zivilisatorische Krise der Moderne (und damit auch die Krise der historischen Wissenschaften) überwinden wollte, zudem die Integration der christlichen Religion in eine universalhistorische Schau und die Apotheose der deutschen Schöpferkraft« (Wolfram Kinzig). Chamberlains Forderung nach vollständiger Ausrottung der Juden widersprach er allerdings. Für ihn war das Judentum bereits mit der Geburt Jesu hinfällig geworden und zudem gäbe es ja die Möglichkeit der Konversion.

Das undogmatische Christentum des liberalen Protestantismus sollte schließlich im sogenannten Kulturprotestantismus an der Wende vom 19. zum 20. Jahrhundert verwirklicht werden. Von Harnack wollte nicht nur Religion und Vernunft bzw. Glauben und Wissen in einer modernen Bildungsreligion jenseits konfessioneller Beschränkungen in Einklang bringen, sondern vor allem das Christentum von seiner Verbindung zum Alten Testament, d h. seinen jüdischen Wurzeln, ablösen. In seinem 1903 veröffentlichten Buch *Vom Wesen des Christentums* hatte er seine Ablehnung des römisch-katholischen und des orthodoxen Christentums mit deren kultischer Nähe zum Judentum begründet. Die Reinheit der Botschaft Jesu war für ihn erst durch das protestantische Christentum Luthers wiederhergestellt worden, denn in das Reich Gottes könne nur eingehen, wer sich durch selbstlose Werke der Liebe dafür moralisch qualifiziert habe.

Für von Harnack war das »Reich Gottes« religiöses Bewusstsein und die Dogmen eine Erscheinung der »Hellenisierung des Christentums«. Jesus sei kein Erlöser gewesen, sondern habe beabsichtigt, »selbstständiges religiöses Leben zu entzünden, und hat es entzündet« (von Harnack). Die Abwehr der Hellenisierungsthese von Harnack und die damit eingeleitete Verweltlichung des Glaubens war laut Christian Geyer für Papst Benedikt II. »die Schlacht seines Lebens« zur Verteidigung des katholischen Dogmas und der Entweltlichung der Kirche. (Jürgen Habermas sieht dagegen die abendländische Philosophie durch Judentum und christliches Dogma bis in ihre griechischen Wurzeln erschüttert.)

Das Versprechen, den Glauben mit Hilfe der Wissenschaft letztbegründend über alle Zweifel zu erheben, zu vereinheitlichen und mit Vernunft in Einklang zu bringen, erleichterte seine Instrumentalisierung in einer Politischen Theologie. Der Kulturprotestantismus »protestantisierte und verweltlichte mit seinem Versprechen auch den deutschen Katholizismus, das Reformjudentum und sogar die islamische Reformbewegung des Salafismus, die von Muhamed Abduh und seinem Schüler Muhamed Raschid Rida begründet worden war« (Reinhard Schulze). Die Radikalisierung ihrer Ressentiments gegen das normative Projekt des Westens richtet sich mit dem Terror von Selbstmordattentätern heute vorzugsweise gegen Symbole individueller Freiheit und Mobilität und versetzt seit der symbolkräftigen Zerstörung des World Trade Center am 11. September 2001 in New York City mit Passagierflugzeugen die zivilisierte Welt in Angst und Schrecken.

Der Rabbiner Leo Baeck war der bedeutendste Vertreter des deutschen Reformjudentums. Er hatte sich in seinem 1905 erschienenen Buch *Vom Wesen des Judentums* auch kritisch mit von Harnacks Thesen zum Judentum auseinandergesetzt, ohne diesen jedoch beim Namen zu nennen. Wie der allseits hoch geschätzte Neukantianer Hermann Cohen sah er vor allem in der gleichberechtigten Teilhabe an dem universitären Diskurs der »Religionsgeschichtlichen Schule« nicht nur die Chance zur Verbindung auch der jüdischen Religion mit der wissenschaftlichen Moderne und zur Verständigung von Christentum und Judentum, sondern vor allem die Möglichkeit zur kulturellen und damit aus ihrer Sicht erst vollen Anerkennung und Gleichberechtigung von Juden als deutsche Staatsbürger. Wie vormals Abraham Geiger schätzte auch er die Öffentlichkeitswirkung einer Professur für jüdische Studien an einer deutschen Universität für die gesellschaftliche Stellung der Juden in Deutschland höher ein als die Wahl eines Juden zum Reichskanzler. Die Hoffnung sollte jedoch laut Gershom Sholem »ein Schrei ins Leere« bleiben. (Mit der 2013 analog zur Lehre des Islam an deutschen Universitäten erfolgten Errichtung eines Lehrstuhls für jüdische Theologie an der Universität Potsdam stellt sich die Frage, ob mit der fragwürdigen Verbindung von Offenbarungslehre und Wissenschaft auch das traditionelle rabbinische Judentum geistig enteignet werden soll.)

Ausgerechnet Adolf von Harnack, der nicht als Antisemit galt und auch bei jüdischen Gelehrten höchstes Ansehen genoss, verweigerte als letzte akademische Instanz Juden jedoch die erhoffte gleichberechtigte Teilnahme am universitären Diskurs der »Religionsgeschichtlichen Schule«, weil sie nicht zweckfrei denken und objektiv sein könnten. Die Bekräftigung des antisemitischen Stereotyps in Verbindung mit der Ausgrenzung der Juden aus dem Zirkel der wissenschaftlich und moralisch allseits angesehenen Lichtgestalten des vermeintlich liberalen deutschen Kulturprotestantismus kann meiner Ansicht nach in seiner bis heute anhaltenden verhängnisvollen politischen Auswirkung gar nicht überschätzt werden.

Der antizivilisatorische Imperativ des Kulturprotestantismus und dessen Glaube an die heilsgeschichtliche Mission der Deutschen zur Rettung der Welt hat auch Martin Heideggers eindeutig kulturprotestantisch imprägnierte Zivilisationskritik an jüdischer Geistigkeit, Seinsvergessenheit und Weltlosigkeit geprägt.

Heidegger kritisiert laut Thomas Assheuer nicht nur die vermeintliche »Begabung« der Juden zu »uferlose[m] Treiben verstandesmäßiger Zergliederung«, »abstrakter Rationalität« und »bodenlosem Scharfsinn« (Zitate Heidegger in: *Die Zeit*, »Er spricht vom Rasseprinzip«, 27. Dezember 2013). Die Juden hätten auch den Universalismus – die Gleichheit aller Menschen – nur erfunden, um als Gleiche anerkannt zu werden. Die »jüdische Erfindung von Gleichheit und Moral« sei der »Trick, um sich Macht und Einfluss zu sichern« (Assheuer); sie begründe die Herrschaft des entwurzelten Daseins über die existenzielle Tiefe der metaphysischen Völker, die Herrschaft des bloß »Seienden« über das »Sein«. Das entwurzelte Weltjudentum versuche sich seinem »Geschick«, dem übergreifenden Geschehen zu entziehen, das den Einzelnen an die »Grunderfahrung der Gemeinschaft«, an das »vorgängige Erbe« binde. Diese Bindung an die »erd- und bluthaften Kräfte« des Volkes fehle dem »Weltjudentum« (Heidegger).

Juden würden nicht nur ihren »Willen zur Macht« hinter der Maske der Propheten verbergen, sie würden sich nicht nur weigern, das »Geschickliche der Geschichte« anzunehmen, sondern das »Weltjudentum« sei auch für die deplorable Weltlage verantwortlich. Die Durchrationalisierung der Welt habe paradoxerweise eine neue Undurchsichtigkeit erzeugt, ein riesiges Unheimliches, das so allgegenwärtig sei, dass es den Menschen unbegreiflich bleibe. Das »Rechenhafte« im Judentum sei der Ursprung der Weltverdüsterung. Amerika und Russland seien die Mächte der Weltlosigkeit, sie folgten demselben rechenhaften Geist und nähmen Deutschland »in die Zange«. Die Deutschen seien ein »metaphysisches Volk« und dazu berufen, die planetarische Seinsvergessenheit zu überwinden.

VON DER LIBERALEN THEOLOGIE ZUR POLITISCH TOTALITÄREN ESCHATOLOGIE

Was der vom Protestantismus faszinierte Katholik und Philosoph Heidegger Selbstvergessenheit nennt, ist für den kulturprotestantischen Theologen Johannes Müller Gottvergessenheit. Die Ursache sehen beide in dem egozentrischen und zweckrationalen Denken der vom Judentum inspirierten zivilisatorischen Moderne.

Johannes Müller berief sich mit seiner Forderung nach kindlicher Ichvergessenheit nicht nur auf die Bergpredigt (»Wenn ihr nicht umkehrt und werdet wie die (ichvergessenen) Kinder, so werdet ihr nicht ins Himmelreich kommen« und »Selig sind die geistig Armen, denn ihrer ist das Himmelreich«), sondern auch auf den von ihm verehrten Nationalheiligen Goethe, für den schöpferisch ebenfalls nur das sein konnte, was schöpferisch ursprünglich und unbewusst von selbst geschieht, und auch auf Nietzsche, der in der inneren Lösung von allem individualistischen Begehren die Voraussetzung künstlerischen Schaffens sah und an keine Kunst glauben wollte, in der das Individuum noch egoistische Ziele verfolgt. Der schöpferische Mensch würde in seiner Produktivität sterben, sobald er egoistisch beschränkt wird. Johannes Müller war überzeugt, dass der Mensch niemals etwas aus nichts schaffen und Urheber sein könne. Es gäbe daher keine Willensfreiheit, sondern nur die Freiheit als Organ Gottes, der metaphysischer Urgrund von allem Sein sei. Alles andere sei Willkür.

Auch Ernst Troeltsch, der Johannes Müller als »vorbildhaften Evangelisten neudeutschen religiösen Idealismus«) über alle Maßen bewunderte, hatte sich jedoch ebenso wie von Harnack zeitlebens vor allem für eine einheitlich bestimmte christliche Kultur eingesetzt, mittels derer der drohende Individualismus und Subjektivismus politisch zurückgedrängt werden sollte. Aus »Pietät gegenüber dem eigenen akademischen Lehrer« (Ulrich Sieg) hatte Troeltsch noch 1913 den zweiten Band seiner gesammelten Schriften dem nationalsozialistischen Säulenheiligen Paul de Lagarde gewidmet, der auch von einem Thomas Mann bewundert wurde. Dieser hatte am 2. Mai 1919 in einem Tagebucheintrag die Welt aufgefordert, sie müsse gegen den »Menschenschlag des russischen Juden, des Führers der Weltbewegung, dieser sprengstoffartigen Mischung aus jüdischem Intellektual-Radikalismus und slawischer Christus-Schwärmerei, mit aller aufbietbaren Energie und standrechtlicher Kürze vorgehen«.

Die nach Preisgabe des Dogmas entstandene Überforderung des Ich durch das Absolute sollte im Kulturprotestantismus durch Preisgabe der Freiheit des Ich zugunsten seiner Sicherheit in der hierzu verherrlichten Volksgemeinschaft emotional aufgefangen werden. Die Negierung der Freiheit des Ich wurde durch seine metaphysische Überhöhung in einem überweltlichen, schicksalhaften Wir oder genialen Über-Ich kompensiert, das sich in direktem Kontakt mit Gott als dem Urquell alles Schöpferischen und damit im Besitz reiner Wahrheit, moralischer Überlegenheit, göttlicher Allmacht und Auserwähltheit wähnen möchte, um anderen erst ihr Recht und ihre Freiheit und schließlich ihr Menschsein und ihre Deutung der Geschichte absprechen zu können.

Im Gegensatz zu Troeltsch und von Harnack lehnte Müller eine allgemeingültige Weltanschauung ab und wollte niemand von seinem Glauben, Volkstum oder Gedanken überzeugen oder sich gar über andere erheben. Die Menschwerdung könne für ihn aufgrund der unendlichen Mannigfaltigkeit der Schöpfung Gottes nur persönlich gemäß den individuellen Anlagen seiner Person und nur völkisch gemäß der kulturell gewachsenen Eigenart und Sprache seines Volkes erfolgen.

Johannes Müller war wohl auch der einzige Theologe seiner Zeit, der nicht nur die Mission ablehnte, sondern der auch kein Antisemit war, sondern in Juden »die edelsten Vertreter des geistigen Adels« und vor allem in der Kirche das größte Hindernis der Menschen auf dem Weg zu Gott sehen wollte. Eigennutz und Gemeinnutz waren für ihn keine spezifisch jüdische und unveränderbare, sondern allgemein menschliche und jederzeit veränderbare Eigenschaften. Seine Wertschätzung gerade auch für das orthodoxe Judentum begründete Johannes Müller damit, dass er bei Juden noch das finde, was er einen »messianischen Instinkt« nennen würde, ein »tiefes Gefühl dafür, dass die Lösung des Menschheitsproblems noch aussteht, dass einmal so etwas wie eine Zeit der Vollendung, eine messianische Zeit kommen muss«. Er war wahrscheinlich der einzige Deutsche, der sowohl für Hitler als auch die Juden eintrat und in Hitler den Retter des deutschen und des jüdischen Volkes sehen wollte.

Der wie bei Luther gegen die Vernunft gerichtete Glaube und sein Wunsch, den Himmel persönlicher Gotteserfahrung auch für andere absolut zu setzen und im Sinne einer politischen Eschatologie in der Volksgemeinschaft notfalls auch mit Gewalt allgemeinverbindlich auf die Erde zu bringen, war offensichtlich auch bei ihm – möglicherweise aus Rücksicht auf die übertriebene Erwartungshaltung seiner Anhänger(innen), die er nicht enttäuschen und verlieren wollte, stärker als sein radikales Abstraktionsgebot, demzufolge Jesus in dieser, aber nicht von dieser Welt und jeder bewusste Versuch einer Annäherung des sterblichen Menschen an den unsterblichen Gott grundsätzlich zum Scheitern verurteilt sei.

In der Hoffnung auf die Erfüllung des diesseitigen Heilsversprechens der Bergpredigt hatte Johannes Müller ganz im Sinne der von ihm verinnerlichten kulturprotestantischen Gesinnung die theologische Forderung der Ichvergessenheit aus der Bergpredigt auf die politische Forderung nach vollständiger Preisgabe der Freiheit des Ich zugunsten einer hierzu sakralisierten Volksgemeinschaft des solidarischen »Füreinander-Daseins von vertrauten Brüdern« übertragen. »Der Totalitätsanspruch Gottes falle mit dem Totalitätsanspruch des Staates zusammen, denn der Einzelne existiere nicht für sich, sondern nur als Organ Gottes und des Volkes. Wer nicht zur heroischen Selbstaufgabe und zu Gemeinschaftssinn in der Lage sei, müsse seit Menschengedenken in einem gottgewollten »Ausleseprozess« untergehen«. Die zivilisatorische Moderne sei der Niedergang aller Kultur und würde zum *Untergang des Abendlandes* (Oswald Spengler) führen, wenn die Menschen sich nicht von ihrem beschränkten Ich abkehren und in der Stille der unbegreiflichen Wirklichkeit Gottes wieder gewahr werden würden.

Die Auseinandersetzung mit der Geschichte von Johannes Müller erklärt insbesondere wegen seiner inneren Widersprüche und öffentlichen Kritik am Antisemitismus der Nationalsozialisten vielleicht besser als andere, warum die für Hitler unverzichtbare Unterstützung durch die Eliten des meinungsführenden, kulturprotestantisch sozialisierten Bildungsbürgertums vorrangig nicht im Antisemitismus, sondern in dem vom Kulturprotestantismus geschichtsphilosophisch und heilsgeschichtlich aufgeladenen Ideal einer eindeutigen, gemeinsinnigen und schicksalhaft gewachsenen Kultur- und Volksgemeinschaft und der Zivilisationskritik an der von Menschen gemachten, individualistischen und pluralistischen angloamerikanischen Moderne und den Juden als Symbol der Freiheit des eigensinnigen und eigenmächtigen Ich begründet war. Die deutsche Zivilisationskritik gipfelte in der Idee der Erlösung der selbstlosen, heldenhaften und deshalb gottgefälligen, schöpferischen und auserwählten Deutschen durch Vernichtung der selbstbezogenen, zweckrationalen und deshalb von Gott abgefallenen, unproduktiven und nicht mehr auserwählten Juden. Die Mehrdeutigkeit offener Gesellschaften bedrohte schließlich den auf Eindeutigkeit und Einheitlichkeit von Glauben, Kultur und Herkunft angewiesenen Anspruch auf Deutungshoheit der Eliten in geschlossenen Gemeinschaften.

POLITISCHE THEOLOGIE DES WIDERSTANDS

Erik Peterson, erbitterter Gegner von Adolf von Harnack wie auch der Politischen Theologie des Staatsrechtlers Carl Schmitt, war der philologische Star der Religionsgeschichtlichen Schule. Er konvertierte nach langem Zögern 1930 zum Katholizismus, nachdem ihm klar geworden war, dass die liberale protestantische Theologie und der aus ihr hervorgegangene Kulturprotestantismus wegen der Preisgabe dogmatischer und säkularer Vernunft inhärent völkisch und politisch totalitär waren.

Peterson, der 1933 nach Rom übersiedelte, weil er in Deutschland keine akademische Anstellung finden konnte, sollte schließlich zu einem der wichtigsten katholischen Theologen des 20. Jahrhunderts werden. Mit seinem Traktat »Der Monotheismus als politisches Problem« widerlegte er auch die Politische Theologie Carl Schmitts, der mit der These, alle Politik sei profanisierte Religion, den christlichen Glauben nur für politische Zwecke missbrauchen wollte. Für Peterson markierte das christliche Dogma einer Kirche Gottes, die in, aber nicht von dieser Welt ist, dagegen nicht nur »institutionalisierte Naivität« (Robert Spaemann), sondern auch die absolute Grenze und Gegenmacht alles Politischen.

Auch Karl Barth hatte in der Religionsgeschichtlichen Schule studiert. Er war mit Peterson eng befreundet und gilt als der bedeutendste Gegner von Adolf von Harnack. Barth wurde mit seiner von Calvin inspirierten dogmatischen und dialektischen bzw. negativen Theologie außerhalb Deutschlands und sogar im Katholizismus (Papst Pius XI. nannte ihn den wichtigsten Theologen seit Thomas von Aquin) inzwischen zu einem der weltweit meistgeachteten Theologen unserer Zeit. In seiner berühmten Interpretation des Römerbriefes war allerdings nach Ansicht von August Albers, der sowohl mit Erik Peterson als auch Johannes Müller befreundet war, »alles von Johannes Müller« (Barbara Nichtweiß).

Johannes Müller schätzte Barth sehr und hatte ihm auch Raum in seinen Publikationen gewährt, was er sonst nur von Harnack zugestand.

Karl Barth, der sich im Gegensatz zu Johannes Müller nicht für das Judentum einsetzte und ihn als theologischen Schwärmer bezeichnete, konnte sich aufgrund seines dogmatischen Festhaltens an der Unüberbrückbarkeit von Ewigkeit des unsterblichen Gottes und Zeitlichkeit des sterblichen Menschen jedoch jeglicher Sakralisierung des Profanen wie der Volksgemeinschaft und irdischer Herrschaft verweigern. Als Mitbegründer der Bekennenden Kirche kehrte er rechtzeitig in seine Schweizer Heimat zurück, um von dort öffentlich zum gewaltsamen Widerstand gegen den Nationalsozialismus aufzurufen.

Die Haltung von Karl Barth und Erik Peterson zeigt, dass christlicher Glaube, humanistische Bildung, Kritik an der zivilisatorischen und kapitalistischen Moderne und selbst eine nationalkonservative Idealisierung der Volksgemeinschaft, aber auch der Versuch, Vernunft und Religion in Einklang zu bringen und den Glauben einsichtig zu machen, nicht unweigerlich in Begeisterung für Hitler und seinen Erlösungsantisemitismus münden mussten. Die vielleicht in ihrer Biografie begründete Bewahrung dogmatischer und säkularer Vernunft und Urteilskraft, Vergängliches vom Unvergänglichen zu unterscheiden, verweigerte sich grundsätzlich jeglicher Vergottung und Verherrlichung irdischer Herrschaft, die ein zivilisiertes Miteinander von Menschen unmöglich macht.

Widerstand gegen Hitler war allerdings nur selten mit der Ablehnung von Antisemitismus oder gar mit Beistand für die bedrängten Juden verbunden. Sogar Erik Peterson pflegte mit seiner Forderung nach der Konvertierung aller Juden in seiner Vorlesung »Die Kirche aus Juden und Heiden« (1933) den »subtilen Antisemitismus« (Karl Löwith) der katholischen Kirche. Selbst führende Vertreter der Bekennenden Kirche waren Antisemiten und idealisierten die Volksgemeinschaft. Niemöllers Widerstand gegen den Nationalsozialismus war in erster Linie religionstheoretisch motiviert, weil er eine Vermischung von politischen Aussagen mit dem Glaubensbekenntnis auch aus »Sorge um das Dritte Reich« ablehnte, für das er aus »lutherischem Ethos« kämpfen wollte. Einige Mitglieder der Bekennenden Kirche ließen sich sogar zur Gleichsetzung von Nationalismus und Zionismus hinreißen (Uri Tal).

Ähnliches gilt für den Widerstand des 20. Juli. Mit Ausnahme des anglophil erzogenen James von Moltke und von Hans von Dohnanyi waren die meisten seiner Mitglieder antisemitisch eingestellt und wollten vorrangig das »heilige Deutschland« vor seinem Untergang bewahren. Einige hatten sogar an Judenerschießungen teilgenommen. In dem Standardwerk »Staatsstreich« von Joachim Fest spielt der Holocaust trotz seiner Zentralität im NS-Regime und der naheliegenden Frage, ob Widerstand auch Beistand bedeutete, daher wohlweislich keine Rolle.

Obwohl fast alle Widerständler Anhänger der Ideale und Feindbilder der Volksgemeinschaft waren, sollten sie dennoch nach Ende des Krieges als Verräter diskreditiert werden. Erst nach der Wiedervereinigung Deutschlands wurde der Widerstand des 20. Juli als moralisches Vorbild für die ganze Gesellschaft inszeniert. Sogar die SPD war nicht frei von Antisemitismus. Man wollte nicht als Judenpartei gelten und die Rückkehr von Juden in sichtbare Positionen vermeiden (David Bankier). Allein der offene Widerstand der Weißen Rose, von Hans von Dohnanyi und Dietrich Bonhoeffer, einem Schüler Adolf von Harnacks, der den Weg zu Karl Barth gefunden hatte, war explizit auch als offener Beistand für die Juden gedacht. Ihr Widerstand und Beistand begründen Verantwortung auch für jene, die nichts wissen und tun wollten.

HISTORISCHE AUSEINANDERSETZUNG UND GESCHICHTSBEWUSSTSEIN

Niederlage und bedingungslose Kapitulation waren zumindest für die vormals meinungsführenden und herrschenden Eliten keine Befreiung, auch wenn der ehemalige Präsident des Evangelischen Kirchentages und Bundespräsident Richard von Weizsäcker dies in seiner vielgerühmten Rede vom 8. Mai 1985 nachträglich gerne glauben machen wollte. Das Kriegsende wurde eher als Diskreditierung vermeintlich hehrer Ideale empfunden. Man stilisierte sich zu Widerständlern oder Opfern Hitlers, der sich als Verkörperung des Bösen quasi aus dem Nichts der Seele der Deutschen bemächtigt und ihre rein menschlichen und unpolitischen, tatsächlich aber hochpolitischen und unmenschlichen Aspirationen, die auch der nachmalige Gegner der Nazis Thomas Mann in seinen damaligen *Betrachtungen eines Unpolitischen* gehegt hatte, für seine teuflischen Zwecke auf heimtückische Art und Weise missbraucht habe.

Zur Entlastung von Schuld und Verantwortung wurde die Idee gemeinschaftlicher Schuld als Kollektivschuld ebenso erfunden wie abgelehnt. Auch die Unfähigkeit, das Leid der Opfer zu empfinden, war nicht Sorge ums eigene Überleben oder Scham und Schuld für den Zivilisationsbruch, sondern dem Festhalten an den verinnerlichten Idealen und Feindbildern ihrer Zivilisations- und Kapitalismuskritik geschuldet. Heidegger versuchte in seinem *Brief über den Humanismus* mit der zivilisationskritischen Gleichstellung von Nationalsozialismus, Kommunismus und Amerikanismus als »gleichwertige Systeme überhöhter Subjektivität« sogar deren offensichtliche Gegensätze zu leugnen, um sich damit in den für Deutsche wie ihn »beispiellos düsteren Jahren nach 1945« vor allem eigener Schuld zu entledigen. Noch in den 50er-Jahren sollte er Amerika als »den Ursprungsort der Weltverdüsterung«, »Weltlosigkeit« und »Seinsvergessenheit« bezeichnen.

Sogar 68er, die gerne für sich in Anspruch nehmen, die politische Kultur Deutschlands zivilisiert zu haben, wollten Politik ebenso wie ihre Väter mit vermeintlich überlegener Moral (»wer, wenn nicht wir«) legitimieren, als ob diese von ihren re-emigrierten jüdischen Lehrern und Opfern des Nationalsozialismus auf sie übergegangen sei. Als »Juden im Geiste« (Christoph Schmidt) sollten sie sich alsbald wie ihre Väter zum Opfer der Juden erklären, die als »zionistische Lakaien des amerikanischen Imperialismus und Kapitalismus« den Weltfrieden gefährdeten. Schließlich attackierten sie ihre jüdischen Lehrer mit den antiamerikanischen und antisemitischen Parolen ihrer Väter. Sie forderten nicht mehr Freiheit und Verantwortung des Einzelnen in der offenen, pluralistischen und demokratischen Gesellschaft, sondern die Diktatur einer Hypermoral, was ihnen von Habermas den Vorwurf des Linksfaschismus einbrachte.

Westdeutsche Historiker, die nach dem Zweiten Weltkrieg von ehemaligen Karriere-Nationalsozialisten wie Theodor Schieder und Werner Conze ausgebildet wurden, befragten merkwürdigerweise zeitlebens ausgerechnet ihre Lehrer und deren Rolle im Dritten Reich nicht. Im Zusammenhang mit dem »Generalplan Ost« hatten diese die Vertreibung, Versklavung und Ermordung von dreißig Millionen Menschen in Osteuropa »wissenschaftlich« begleitet. In einer Denkschrift forderte Theodor Schieder 1939, »Platz zu schaffen durch Herauslösung des Judentums aus den polnischen Städten« und Schutz der Deutschen vor »Umvolkung« durch »Überfremdung« und Vermischung mit anderen »Volksgruppen und Rassen«.

Bei der »Aufarbeitung« der Geschichte des Dritten Reichs interessierten sich deutsche Historiker, anders als noch bei der Frage nach den Gründen für das Scheitern von Weimar, weniger für die Frage nach dem Warum und den Intentionen der politischen Akteure, sondern vor allem für die persönlich unverfängliche Frage nach dem Wie und den Strukturen und der Funktionsweise des Systems. Die eher von ihren jüdischen Kollegen betriebene Ideengeschichte, die nach den Intentionen der Täter fragt und damit die Frage individueller Verantwortung und Schuld in den Mittelpunkt stellt, wird in Deutschland dagegen immer noch als subjektiv und unwissenschaftlich diskreditiert.

Wie Nicolas Berg in seinem Buch *Der Holocaust und die westdeutschen Historiker* nachgewiesen hat, wollte Martin Broszat, Primus der westdeutschen Historiker des Holocaust und Begründer des renommierten Instituts für Zeitgeschichte in München, dessen eigene NSDAP-Mitgliedschaft erst nach seinem Tod öffentlich bekannt werden sollte, dem jüdischen Historiker Joseph Wulf, einem Überlebenden des Warschauer Gettos, die Legitimation an der Erforschung des Holocaust mit der Begründung absprechen, dass Juden als Opfer im Gegensatz zu den Deutschen als Tätern die Geschichte nicht objektiv beurteilen können. Die Argumente Broszats erinnern mich auf erschreckende Weise an jene von Harnack am Anfang des Jahrhunderts. Wollten deutsche Historiker den Juden, nachdem ihnen deutsche Theologen erst die Gleichberechtigung abgesprochen und ihnen die Nazis schließlich das Leben genommen hatten, vielleicht nun mit der gleichen Begründung auch noch ihre Sicht der Geschichte nehmen?

Der Graben zwischen Martin Broszat und Saul Friedländer, dem wohl anerkanntesten jüdischen Historiker des Holocaust, konnte auch in der nächsten Generation nicht überbrückt werden. Lediglich der Historiker Norbert Frei, ein Schüler Martin Broszats, vertrat auf dem Schloss-Elmau-Symposion über »Die politische Relevanz protestantischer Religionskultur« im Jahr 2002 die Ansicht, dass deutsche Historiker mit ihrem strukturalistischen und funktionalistischen Denkansatz die Zentralität der Ideale und Feindbilder der Volksgemeinschaft als Schlüssel zum Verständnis des Nationalsozialismus ausgeblendet hätten und eine Revision der deutschen Historisierung des Holocaust geboten sei.

In Reaktion auf Ernst Noltes Pamphlet zum Verhältnis von Nationalsozialismus und Kommunismus führte die Intervention von Jürgen Habermas 1986/87 zum Ereignis des sogenannten Historikerstreits. Habermas, der in der Erinnerung an die Verbrechen der Nazis »die einzig verlässliche Basis unserer Bindung an den Westen« sah, kritisierte dabei vor allem den Versuch Ernst Noltes, die Bedeutung des Holocaust durch den Vergleich von Nationalsozialismus und Stalinismus zu unterminieren. Die Bedeutung des Holocaust als präzedenzloses Zivilisationsverbrechen lässt sich jedoch nicht durch eine ahistorische Sakralisierung des Geschehens oder eine Universalisierung seiner Begründungen, sondern allein mit Hilfe des historischen Vergleichs verstehen. Nolte hatte allerdings kein Interesse an einem Systemvergleich, sondern beabsichtigte, die Vernichtung der Juden vor allem als Reaktion auf einen vorgeblichen jüdischen Bolschewismus und den sowjetischen Gulag als »asiatische« Tat sowie auf eine Äußerung Chaim Weizmans zurückzuführen, der gegenüber dem französischen Botschafter geäußert haben soll, dass in diesem Krieg alle Juden auf der Seite Englands stehen würden. Der besonders in konservativen Kreisen geschätzte Ernst Nolte sieht bezeichnenderweise in dem »entwurzelten, jüdischen Intellektualismus« immer noch die Wurzel allen Übels und den Ursprung eines Weltbürgerkrieges der Ideologien, der in Wirklichkeit von Anfang an ein Weltkrieg Deutschlands gegen die zivilisatorische Moderne und die Juden als deren Avantgarde war (Richard Herzinger. »Totalitäre Dynamik. Wie Ernst Nolte in München mit dem Adenauer-Preis geehrt und von Horst Möller vergeblich laudiert wurde«. In: *Die Zeit*, 8. Juni 2000.)

Wenn Götz Aly den Holocaust in seinem 2011 erschienenen Buch *Warum die Deutschen? Warum die Juden?* die Besonderheit des deutschen Antisemitismus mit der antiliberalen Haltung und dem Sozialneid der Deutschen auf den überproportionalen wirtschaftlichen Erfolg und sozialen Aufstieg der besser gebildeten und mobileren Juden im Zuge der Industrialisierung am Ende des 19. Jahrhunderts, also selbst mit Antisemitismus erklären will, bleibt ungeachtet dieses intellektuellen Kurzschlusses die Frage offen, warum der deutsche Antisemitismus vor allem von den akademisch und wirtschaftlich erfolgreichsten deutschen Eliten propagiert wurde oder warum z.B. dann auch die überwiegend verarmten Juden in Osteuropa aus Sozialneid ausgerottet werden mussten. Sein Ansatz scheint eher dem Versuch einer Relativierung als einer Erklärung der Besonderheit des deutschen Antisemitismus und damit der Beantwortung der in seinem Buchtitel gestellten Frage zu dienen.

Timothy Snyder sucht in seinem 2010 erschienenen Buch *Bloodlands* mit dem Versuch einer transnationalen Betrachtung und gegenseitigen Bezugnahme der Gräueltaten von Nationalismus und Kommunismus die Komplexität der Geschichte zu erklären. Da er dabei jedoch die »epistemisch bedeutsame Differenz« (Dan Diner) in der Begründung »einer an sich grundlosen, sprich: kollektiven Ausrottung aller Juden Europas als Regel sowie der massenhaften Ermordung von Polen, Balten, Russen, Weißrussen oder Ukrainern infolge teils widriger mörderischer Kriegseinwirkung, teils verbrecherisch herbeigeführter Umstände als Ausnahme« ignoriert, erklärt sein Ansatz weder den Holocaust als solchen noch vergrößert es die überfällige und seine überaus verdienstvolle Darstellung und Anerkennung unvorstellbaren Leids auch anderer Menschengruppen Osteuropas, die von Stalin und Hitler in den *Bloodlands* massenweise durch Verhungern zu Tode gebracht oder ermordet wurden. Ihre bloße Existenz als Kollektiv wurde dabei allerdings nie in Frage gestellt. Mit der Nivellierung evidenter Unterschiede und verschiedener Ursachen kann die Komplexität des Geschehens nicht hinreichend erklärt werden. Eher drängt sich die Frage auf, ob die jeweiligen den Holocaust skandalisierenden Herangehensweisen vielleicht einem theologisch motivierten Bestreiten von Auserwähltheit der Juden geschuldet sind, womit auch die Infragestellung der Existenz Israels angesprochen wäre.

Mit geschichtsblinder Beschwörung einer von deutscher Seite nie gewollten deutsch-jüdischen Symbiose oder neuerdings gar einer jüdisch-christlichen Wertegemeinschaft soll vielleicht der Schuldanteil zivilisationskritischer Bildungseliten am Zivilisationsbruch auf die von ihnen doch verachteten, weil angeblich ungebildeten Massen oder gar auf unglückliche Umstände oder gar eine unverfängliche anthropologische Konstante des Bösen in allen Menschen abgeschoben oder gar den Opfern zugeschrieben werden?

Martin Walser geißelte in seiner 1998 von der Elite des deutschen Bildungsbürgertums und dem deutschen Staatsminister für Kultur beklatschten Rede zum Friedenspreis des deutschen Buchhandels die Präsenz der Erinnerung an den Holocaust sogar als verwerfliche »Moralkeule« der Juden gegenüber den Deutschen. Vielleicht werden Deutsche wie er Juden den Holocaust auch deswegen nie verzeihen, weil insbesondere ihr eigener apologetischer Umgang mit dessen angeblich kurzer Dauer ihren in der »langen deutschen Geschichte« (Karl Heinz Bohrer) begründeten Glauben an die eigene kulturelle und moralische Überlegenheit in Frage stellt.

ZUR ANDAUERNDEN POLITISCHEN RELEVANZ DEUTSCHER ZIVILISATIONSKRITIK

Nach der durch die USA beförderten Implosion der Sowjetunion und der Wiedervereinigung Deutschlands sahen einige die Zeit für die »Befreiung von der Befreiung« (Peter Sloterdijk) gekommen. »Aus dem Nicht-Widerstand gegen die Diktatur wurde der Widerstand gegen die Nicht-Diktatur. Man hat kein Gewissen mehr, man ist wieder das Gewissen.« (Odo Marquard)

Die Argumente der Zivilisations- und Kapitalismuskritik hatten auch die monatelange Debatte über die Ethik der Gentechnologie dominiert, die durch die »Elmauer Rede« von Peter Sloterdijk auf dem Schloss-Elmau-Symposion »Jenseits des Seins« im Juli 1999 und durch eine Intervention von Saul Friedländer und später von Jürgen Habermas ausgelöst wurde. Peter Sloterdijk hatte darin die »kulturellen Hauptfraktionen« aufgefordert, sich im Sinne Platons mit den »Regeln für den Menschenpark« der gentechnologischen Züchtung des Menschen anzunehmen, um deren Kommerzialisierung zu verhindern. Aufgrund ihres privilegierten Zugangs zu den metaphysischen Wahrheiten in den Werken der Antike würden nur sie über das hierzu notwendige

Herrschaftswissen verfügen (»Wer zähmt die Philosophen?«, Rainer Stephan in der *SZ* vom 29. Juli 1999).

Interessanterweise schreiben vor allem technologiefeindliche und wissenschaftskritische deutsche Geisteswissenschaftler der Gentechnologie einen mechanischen Determinismus zu, den skeptische Naturwissenschaftler wie Nobelpreisträgerin Christiane Nüsslein-Vollhardt mit dem empirischen Nachweis einer exponentiell zunehmenden organischen Kontingenz widerlegen können. Während Rüdiger Safranski in der *F.A.Z.* (23. September 1999) im Sinne des Kulturprotestantismus »das Recht, geboren und nicht gemacht zu werden«, einforderte und der Rechtsphilosoph Horst Dreier stattdessen für die humane Ethik eines abwägenden Pragmatismus plädierte, forderte Jürgen Habermas aus »archaischem Unwohlsein« ein »aufschiebendes Veto« der Kirche gegen die Zumutungen der säkularen und szientistischen Moderne anstelle einer in aller Öffentlichkeit herrschaftsfrei zu führenden Debatte und demokratischen Entscheidung des Bundestags.

Das Ideal der Säkularisierung ist jedoch keine Zumutung der angloamerikanischen Moderne, sondern war bereits in dem Abstraktionsgebot monotheistischer Religionen angelegt, mit dem Menschen vor der Verherrlichung irdischer Herrschaft und das Heilige vor seiner Entzauberung und Entweihung geschützt werden sollten. Die Verweltlichung von Religion relativiert dagegen ihre Glaubwürdigkeit und politische Relevanz, wenn das Versprechen, den Himmel auf die Erde zu bringen, nicht eingehalten werden kann oder gar zur Hölle führt.

Die Akzeptanz einer leeren Mitte im Diesseits und Verzicht auf den Rückbezug des Ich auf ein nicht mehr hinterfragbares Jenseits ist Grundlage zivilisierter Politik. Individuelle Freiheit und Verantwortung kann angesichts menschlicher Endlichkeit und Unvollkommenheit nicht ohne Skepsis, Selbstironie und

Zuversicht und Rücksicht auf die gleichberechtigte Freiheit des anderen als der Grenze der eigenen immer wieder aufs Neue eingefordert, ausgehandelt, errungen, erweitert und verteidigt werden.

Die von Calvin und der schottischen Aufklärung inspirierten Ideale der säkularen und zivilisatorischen Moderne bleiben ebenso wie die Theologie von Karl Barth im Lande Kants und Luthers nicht zuletzt dank von Harnack, Troeltsch und ihrer Nachfolger marginalisiert. Zivilisationskritische Eliten sehen sich immer noch als Hüter einer nicht verhandelbaren Moral auch in Fragen der Politik, die pragmatisch zu verhandeln wären.

Der Gedanke der Toleranz, der die Gleichheit der Menschen vor dem Gesetz voraussetzt, wurde m.E. auch nicht, wie Jan Assmann behauptet, im Polytheismus, sondern erstmals durch das Abstraktionsgebot und die Desakralisierung irdischer Macht im jüdischen Monotheismus begründet. (Der Hindugott Krishna befahl dem Gotteskrieger Arjuna, die Angst vor einem Verlust seines Seelenheils infolge der ihm von Gott aufgetragenen Tötung seiner vom rechten Weg abgekommenen Brüder durch Hingabe seines illusionären Ichbewusstseins zu überwinden und dadurch Gott als alleinigen Urheber allen Handelns anzuerkennen.) »Gewalt im Namen Gottes« war in der Bibel somit keine Folge der »mosaischen Unterscheidung« (Jan Assmann), sondern der Verletzung des Abstraktionsgebotes. Der Versuch, wider aller Vernunft den Willen des Unbestimmbaren bestimmen zu können, gilt in monotheistischen Religionen als Blasphemie und ist in der Politik der Anfang vom Ende aller Humanität.

Nach dem Terroranschlag auf die USA am 11. September 2001 kam es ausgerechnet in Deutschland zu einem nach 50 Jahren Freiheit und Wohlstand dank Amerika nicht mehr für möglich gehaltenen öffentlichen Ausbruch an Antiamerikanismus und antisemitischen Verschwörungstheorien. In einem öffentlichen

Aufruf verlangten Grass, Walser, Sloterdijk & Co. vom Bundeskanzler Gerhard Schröder sogar die sofortige Rücknahme der von ihm am Vortag im Bundestag bekundeten bedingungslosen Solidarität Deutschlands mit Amerika. Dies verstörte sogar erbitterte Gegner von George W. Bush in den USA, weil darin die Renaissance grundsätzlicher Ablehnung des amerikanischen Gesellschaftsmodells in der Zivilisations- und Kapitalismuskritik aus dem 19. Jahrhundert erkennbar war.

Sogar die Kritik von Jürgen Habermas an den USA anlässlich des Irak-Krieges, die unter dem Titel »Amerikas moralische Autorität liegt in Trümmern« in der *ZEIT* und 2004 in seinem Buch »Der gespaltene Westen« veröffentlicht wurde, erinnert mich in Teilen und insbesondere in ihrer Begründung an die moralische Überheblichkeit und Amerika als Feindbild deutscher Zivilisations- und Kapitalismuskritik. Aus der Sicht von Habermas ist Europa den USA vor allem wegen der Achtung des Völkerrechts und seines Festhaltens an der Solidargemeinschaft moralisch überlegen. Eine europäische Identität könne mangels einer positiven Bestimmung durch die europäischen Intellektuellen, was deren größtes Versagen sei, allerdings auch von ihm vorerst nur als Negativ der USA definiert werden, da sie »als nächster Freund der größte Feind« seien.

Kurz vor der Bundestagswahl 2002 kam es anlässlich des Irak-Krieges erstmals nach 1945 zu einer mit moralischer Überheblichkeit begründeten (»Wir wissen, was Krieg ist«) offen antiamerikanischen und prorussischen Wende in der deutschen Außenpolitik. Die vor allem in Osteuropa verheerende Wirkung des 2003 in St. Petersburg demonstrativ gegen die USA gerichteten Schulterschlusses von Gerhard Schröder mit seinem großzügigen Gönner und lupenreinen Diktator Wladimir Putin konnte nur noch durch die Umarmung Schröders durch den französischen Präsidenten Jacques Chirac noch abgemildert werden. Joschka Fischer hatte Schröder für den Fall der Isolierung Deutschlands in Europa mit dem Ende der Regierungskoalition gedroht.

Die Ablehnung der von George W. Bush auf dem Nato-Gipfel in Bukarest 2008 vorgetragenen Forderung nach Eröffnung einer Beitrittsperspektive (MAP) für die Ukraine und Georgien durch Angela Merkel, bei der sich Wladimir Putin laut Augenzeugen anschließend »mit Tränen in den Augen« bedankte, konnte den Krieg zwischen Georgien und Russland nicht verhindern. Er markierte die Rückkehr Russlands zur offenen Konfrontation mit dem Westen (»A little war that shook the world«, Ron Asmus), mit der Putin vor allem die Westbindung Deutschlands und Einigung Europas und damit den Einfluss der USA in Europa torpedieren möchte.

Die von Guido Westerwelle im März 2012 in Abstimmung mit Angela Merkel und gegen den Rat ihrer beiden Berater angeordnete Enthaltung Deutschlands in der UN-Resolution zu Libyen konnte mangels eigenen Vetorechts nicht wie die Enthaltung Russlands und Chinas als Zustimmung, sondern nur als eine erstmals gegen seine engsten europäischen Nato-Bündnispartner gerichtete Entscheidung verstanden werden. Der Abzug der Lazarettschiffe aus dem Nato-Verbund vor der libyschen Küste weckte zudem Zweifel an der Ernsthaftigkeit der moralischen Begründung. Westerwelle wollte damit vor allem den Beginn einer unabhängigen Außenpolitik Deutschlands markieren, um fortan je nach Interessenlage ohne Rücksicht auf Bündnispartner strategische Kooperationen auch mit Brasilien, Indien, China oder Russland eingehen zu können.

Die offenen Konfrontationen mit den USA haben das seit Ende des Zweiten Weltkriegs von Konrad Adenauer begründete und über Jahrzehnte von Willy Brandt, Helmut Schmidt und

Helmut Kohl gepflegte Vertrauen in die Berechenbarkeit und Verlässlichkeit der deutschen Westbindung nachhaltig erschüttert. Die Hoffnung Deutschlands, als selbsternannte moralische Weltmacht und Softpower einen permanenten Sitz im Weltsicherheitsrat zu erhalten, hatte sich damit wohl auf absehbare Zeit erledigt.

Die Glaubwürdigkeit deutscher Politik hat auch in der Euro-Krise gelitten. Obwohl Deutschland als erstes Land die im Maastricht-Vertrag vereinbarten Verschuldungsgrenzen ignoriert und überschritten hatte, wurde während der Euro-Krise sogar in finanzpolitischen Fragen gegenüber anderen Ländern der moralische Vorwurf eines mangelnden Sparwillens erhoben, um daraus politisches Kapital zu schlagen. Während anderen Ländern Sparprogramme zur Verringerung der Schuldenquote diktiert wurden, die zu einer Verschärfung der Rezession und einem Anstieg ihrer Verschuldungsquote führten, wurde im eigenen Land die Verschuldung zur Stützung der Konjunktur und Bankenrettung erhöht.

Zudem waren ausgerechnet von deutschen Politikern zu 100 Prozent kontrollierte Landesbanken aus Gier nach völlig überzogenen Renditen mehr als andere Banken unverantwortlich hohe Risiken zu Lasten des Steuerzahlers eingegangen. Es bleibt daher mehr als fragwürdig, warum die auch von deutschen Politikern entfesselten Finanzmärkte und überhöhten Staatsschulden ausgerechnet von ihnen besser als von anderen kontrolliert und reguliert werden könnten.

Die Sorge ums Geld sorgte jedoch nicht nur erstmals für eine europäische Öffentlichkeit, sondern auch eine offen mit nationalen Ressentiments befeuerte Debatte über die Verteilung der Macht in Europa. Die zunehmende Renationalisierung europäischer Politik und Divergenz der Wettbewerbsfähigkeit zwischen dem Norden und Süden Europas und insbesondere zwischen

Deutschland und Frankreich verstärkt politische Differenzen und den Zwang zu einer Vereinheitlichung europäischer Fiskalpolitik.

Souverän könnte Europa nur werden, wenn es nicht nur in seiner Energieversorgung von Russland unabhängig wird, sondern wenn es wie die USA mit einer Weltwährung auch in die Lage kommt, zur Sicherstellung seiner Kreditwürdigkeit ohne Angst vor Inflation notfalls unbegrenzt Geld drucken zu können. Erst die nur gegen die Stimme Deutschlands einstimmig getroffene Entscheidung der EZB und die Versicherung ihres Präsidenten Mario Draghi, zur Absicherung der Unumkehrbarkeit des Euro notfalls auch unbegrenzt Staatsanleihen von reformwilligen Staaten aufzukaufen, hat das notwendige Vertrauen in den Fortbestand des Euro und der europäischen Einigung wiederhergestellt. Das Votum markierte gewissermaßen das Ende des Zweiten Weltkriegs und die Hoffnung auf eine zumindest geldpolitische Souveränität eines demokratischen Europas gleichberechtigter Staaten, das weder von den Finanzmärkten noch von Deutschland oder Frankreich allein oder gemeinsam beherrscht werden kann.

Gegensätzliche Ideale von Freiheit erschweren auch eine Verständigung über Art und Umfang der Vertiefung der europäischen Einigung. Die Idee Europas war ja nicht nur »die Abschaffung der Nation« (Walter Hallstein), sondern vor allem die Verhinderung deutscher Hegemonie. Europa wird in Deutschland vorzugsweise immer noch mit geschichtsphilosophischer Finalität als eine einheitlich bestimmte Schicksals- und Wertegemeinschaft und nicht im Sinne eines pluralistischen Staatenbundes und einer säkularen Rechtsgemeinschaft und offenen Gesellschaft definiert, die unterschiedliche Wertegemeinschaften respektiert.

Europäische Politik erscheint hier vielen erst dann demokratisch legitimiert, wenn sie von einem direkt gewählten europäischen Parlament und einem Kommissionspräsidenten bestimmt wird, bei dessen Wahl Deutsche seit Einführung des demographischen Faktors auf dem EU-Gipfel in Nizza über die meisten Stimmen und den größten Einfluss verfügen. Der Autonomieverzicht zugunsten Brüssel verläuft seither asymmetrisch, da jede Übertragung nationaler Kompetenzen an Brüssel die Macht Deutschlands als bevölkerungsreichste Nation zu Lasten aller anderen verstärkt.

Der Wunsch nach einem Austritt Großbritanniens ist in der Sorge begründet, dass eine zu weit getriebene Vergemeinschaftung europäischer Politik nicht nur zur Preisgabe nationaler Souveränität zugunsten deutscher Hegemonie, sondern auch von Demokratie und individueller Freiheit führt. Zivilisationskritische Deutsche sehen dagegen im angelsächsischen Kapitalismus und Liberalismus und seinem Ideal einer Freihandelszone immer noch die Wurzel allen Übels. Sie fordern den Austritt Großbritanniens, weil es die Vertiefung einer von Deutschland dominierten europäischen Politik behindert. Beide scheinen vergessen zu haben, dass Großbritannien schon allein deshalb zu Europa gehört, weil ein demokratisches Europa ohne die Briten gar nicht möglich geworden wäre. Vielleicht sind gerade die Briten aufgrund ihrer Erfahrung in der Verwaltung vertragsgestützter multinationaler Bündnisse sogar besser als andere für eine ausgleichende Führungsrolle in der EU qualifiziert. Die Mehrheit der Staaten und inzwischen auch Deutschland neigen inzwischen jedoch zu einem Europa der »Freiheit, Vielfalt und Toleranz« (Angela Merkel), das seinen Bürgern, Regionen und Nationen ein Maximum an Freiheit und *Subsidiarität* garantiert. Sie wollen Großbritannien in einer EU halten, die in letzter Instanz vom Europäischen Rat regiert wird und in der jedes Land unabhängig von seiner Größe gleichberechtigt ist.

Die infolge Nato-Osterweiterung und Einführung des Euro notwendige Vertiefung der europäischen Einigung kann dennoch ohne die Übernahme einer seiner Wirtschaftsmacht entsprechenden Haftung und Führungsverantwortung Deutschlands in Europa kaum gelingen. Die Angst vor finanzieller Überforderung ist angesichts der ungleich höheren Kosten für die deutsche Wiedervereinigung in Höhe von 2 Billionen unbegründet, auch wenn eine Erhöhung der Verschuldung zur Ankurbelung des Wachstums nicht sofort mit allen notwendigen Reformen zur Verbesserung der Wettbewerbsfähigkeit und Reduzierung von Staatsquoten verbunden werden kann.

Anderseits verstärkt mangelndes Vertrauen in die Berechenbarkeit und Verlässlichkeit deutscher Politik und Westbindung die Sorge vor deutscher Übermacht oder Isolierung. Ohne Rückendeckung der USA bleibt Deutschland mit oder ohne Euro und Osterweiterung der Nato nicht nur für Europa ökonomisch zu groß und politisch zu klein, sondern auch in der angestrebten Rolle als Vermittler zwischen einem offen antiwestlichen Russland und dem Westen überfordert.

Vielleicht befördert am Ende gerade die offen antiwestliche Politik Russlands eine Vertiefung der Westbindung Deutschlands und der Einheit des Westens. Deutschland kann europäischen Nationen einen Beitritt zur EU mit Rücksicht auf Feinde der Freiheit nicht verweigern, ohne die eigene zu unterminieren und sich in Europa zu isolieren. (»Die größte Gefahr ist, dass wir uns auseinanderdividieren lassen.« Es sei sehr wichtig, dass Europa und die USA einen gemeinsamen Weg in dieser Frage gehen und diesen Weg müssen wir fortsetzen.« Angela Merkel in Sydney am 17. 11. 2014.) Der Focus der USA auf Asien zwingt Europa und insbesondere Deutschland zur Übernahme von mehr Verantwortung in der Nato.

Die Vereinbarung einer Transatlantischen Freihandelszone würde den Westen insgesamt stärken. Sie könnte jedoch nicht zuletzt an Vorbehalten zivilisationskritischer Eliten gegen einen nicht von selbst gewachsenen, sondern von Menschen gemachten Genmais scheitern. Angesichts zunehmender antiamerikanischer Ressentiments bleibt fraglich, ob sich Deutschland ebenso eindeutig und zuverlässig dauerhaft auf die Seite der USA stellen kann, wie es sich seinerseits gern auf die USA als Anker des Westens und einzigen Garanten der eigenen und europäischen Sicherheit und Freiheit verlassen möchte.

Der Wandel in der deutschen Einwanderungspolitik hat allerdings gezeigt, dass Feinde der Freiheit durch die List ökonomischer Vernunft politisch neutralisiert werden können.

Während die 1999 von dem Schloss-Elmau-Symposion »Globalisierung ohne Migration?« ausgelöste Debatte über ein modernes Einwanderungsgesetz noch von den Feindbildern und Idealen der deutschen Zivilisationskritik dominiert wurden, wirbt deutsche Politik heute aus Angst vor drohendem Wohlstandsverlust angesichts der demographischen Entwicklung sogar mit einem englischen Slogan »Make it in Germany« für die Einwanderung qualifizierter Fachkräfte und die »Willkommenskultur« einer offenen und pluralistischen Gesellschaft. Deren Qualität wird allerdings nicht zuletzt auch am zivilisierten Umgang mit Flüchtlingen gemessen. Vielleicht begünstigt eine aktive Einwanderungs- und Integrationspolitik mit der Zeit auch in Deutschland die Entwicklung eines Patriotismus der Freiheit. Der American Dream individueller Freiheit und Verantwortung in einer offenen Gesellschaft war immer auch ein Traum von Deutschen auf der Suche nach einer säkularen und zivilisierten Welt.

EPILOG

Mein Engagement in Schloss Elmau war von Anfang an auch ein politisches Projekt. Ich wollte das ehemalige Idyll deutscher Hochkultur und Zivilisationskritik nicht nur erhalten und modernisieren, sondern auch säkularisieren und amerikanisieren. Die Bezeichnung »Luxury Spa, Retreat und Cultural Hideaway« ist nicht nur Teil des Logos, sondern auch Programm von Schloss Elmau. Hochkultur oder Luxus alleine reichen nicht. Gute Hotels müssen ihren Gästen mehr als perfekten Service, gutes Essen und vielfältige Alternativen zur Erholung, sondern auch anspruchsvolle kulturelle, intellektuelle und politische Begegnungen und Anregungen bieten.

Die von Botschafter Jürgen Christian Mertens, Chef des Protokolls der Bundesregierung, vorbereitete Entscheidung der Bundeskanzlerin Dr. Angela Merkel, die Staats- und Regierungschefs aus den USA, Frankreich, Großbritannien, Italien, Kanada und Japan Anfang Juni 2015 zum G7-Gipfel nach Schloss Elmau einzuladen, betrachte ich daher als eine große Auszeichnung für Schloss Elmau und seine Mitarbeiter. Besonders gefreut hat mich, dass die Entscheidung von der Bundeskanzlerin nicht nur mit der reizvollen Lage, sondern auch mit dem kulturellen und politischen Engagement von Schloss Elmau zur Vertiefung transatlantischer und deutsch-israelischer Beziehungen begründet wurde.

Emily Dickinson (J. #657)

I dwell in Possibility –
A fairer House than Prose –
More numerous of Windows –
Superior – for Doors –

Of Chambers as the Cedars –
Impregnable of eye –
And for an everlasting Roof
The Gambrels of the Sky –

Of Visitors – the fairest –
For Occupation – This –
The spreading wide my narrow Hands
To gather Paradise –

Emily Dickinson (J. #657)

Ich wohne in der Möglichkeit –
Und nicht im Prosahaus –
An Fenstern reich und heller –
Mit Türen – ein und aus –

Mit Zimmern hoch wie Zedern –
Von keinem Blick durchschaut –
Als ewges Dach der Himmel

Die Giebel drüber Baut –
Besuch – der allerschönste –
Beschäftigung – nur Dies –
Ich spreiz die schmalen Hände weit
Und fass das Paradies –

DANK

Mein Dank gilt den zahlreichen Teilnehmern an den Schloss-Elmau-Symposien, die ich hier leider nicht alle aufführen kann.

Steven Aschheim (Jerusalem), Ron Asmus (GMF), David Bankier (Yad Vashem), Yehuda Bauer (Yad Vashem), Ulrich Beck (München), Udo Bermbach (Hamburg), Dieter Borchmeyer (München), Remy Brague (Paris), Michael Brenner (München), Robert Cooper (EU Foreign Affairs), Gerard Delanty (London), Dan Diner (Jerusalem/Leipzig), Helmut Dubiel (New York), Roland Eckart (Tübingen), John Efron (Berkeley), Rachel Elior (Jerusalem), Joachim Fest (†), Jens Malte Fischer (München), Norbert Frei (Jena), Saul Friedländer (Los Angeles), Bronislaw Geremek (Warschau), Volker Gerhardt (Berlin), Sander Gilman (Chicago), Friedrich-Wilhelm Graf (München), Erich Gruen (Berkeley), Jürgen Habermas (Starnberg), Harald Haury (München), Susannah Heschel (Dartmouth), Moshe Idel (Jerusalem), Harold James (Princeton), Georg Kamphausen (Bayreuth), Craig Kennedy (GMF), Gilles Keppel (Paris), Walter Laqueur (Washington), Martin Malia (Berkeley), Avishai Margalit (Jerusalem), Jean-Luc Marion (Paris), Paul Mendes-Flohr (Jerusalem), Hassan Mneimneh (GMF). Jürgen Moltmann (Tübingen), Hans Mommsen, Kogila Moodley (Vancouver), Gabriel Motzkin (Van Leer

Jerusalem Institut), Herfried Münkler (Berlin), David Meyers (Los Angeles), Martha Nussbaum (Chicago), Anson Rabinbach (Princeton), Tariq Ramadan (Oxford), Amoz Raz-Krakotzkin (Beer Sheva), Rüdiger Safranski, Rachel Salamander (Literaturhandlung), Christoph Schmidt (Jerusalem), Reinhard Schulze (Bern), Dietrich Schwanitz (Hamburg), Richard Sennet (Chicago), Emanuel Sivan (Jerusalem), Anne-Marie Slaughter (Princeton), Peter Sloterdijk (Karlsruhe), Natan Sznaider (Tel Aviv), Charles Taylor (Toronto), Gianni Vattimo (Turin), Yfaat Weiss (Jerusalem), Christian Wiese (Frankfurt), Yirmiyahu Yovel (Jerusalem), Shimson Zelniker (Van Leer Jerusalem Institut), Hartmut Zelinsky (München).

ANHANG

THEMEN DER SCHLOSS-ELMAU-SYMPOSIEN

100 Jahre Zionismus – 50 Jahre Israel, Januar bis Juni 1998
Der Leviathan – die Jüdische Moderne als Politische Theologie?, 1998
Globalisierung ohne Migration?, 1998
Ethik der Erinnerung?, 1999
Die Haltung des deutschen Widerstands zur Judenverfolgung, 1999
Wagner im Dritten Reich, 1999
Jenseits des Seins? Emanuel Levinas vs. Heidegger, 1999
Ethische Grenzen der Anthropotechniken?, 1999
Die Erbschaft der Aufklärung – die geistigen Grundlagen der Berliner Republik?, 2000
Die Idealisierung des 20. Juli?, 2000
Humanismus nach Nietzsche?, 2000
Die Politische Theologie der Liebe, 2000
The Lesser Evil? Comparing Genocide practices in Nazism & Communism, 2000
Global America? Die kulturellen Auswirkungen der Globalisierung, 2000
Europas Grenzen und die Orientalische Frage?, 2001
Jews as Cosmopolitans?, 2001
Antiamerikanismus im Westen?, 2001
Die Islamische Moderne als Politische Theologie? 2002
Saudi Arabia the Problem – Iraq the Solution? Civilsatory Imperialism- Europe vs the US in a new World Order? 2002
Die Politische Relevanz Protestantischer Religionskultur?, 2002

Die Protestantisierung des Islam?, 2003
Die Globalisierung der Erinnerung des Holocaust?, 2003
Immigration Regimes and Multiculturalism in Germany and Israel?, 2003
Diaspora in Antiquity? Diaspora Today?, 2003
Rebuilding the West in the Greater Middle East? 2003
Europe beyond East and West?, 2004
Rethinking German-Jewish Cultural History, 2004
Brand, Abriss und Wiederaufbau von Schloss Elmau, 2005–2007
Islam in Jewish and Judaism in Muslim Eyes, 2007
Muslims and Jews in Christian Europe, 2008
For God's Sake. Religion and Politics in America and Europe, 2009
Jüdische Stimmen im deutschen Diskurs der 68er, 2011
Geopolitical Challenges for the Transatlantic Alliance, 2012
Horizons of Secularism at the dawn of the 21st Century, 2012
Bau Schloss Elmau Retreat, 2013–2014

VERÖFFENTLICHUNGEN DER SCHLOSS-ELMAU-SYMPOSIEN

Richard Wagner im Dritten Reich. Ein Schloss-Elmau-Symposion, Hrsg. Saul Friedländer, Jörn Rüsen, München 1999

Jüdische Geschichtsschreibung heute. Themen, Positionen, Kontroversen. Ein Schloss-Elmau-Symposion, Hrsg. Michael Brenner, David Meyers, München 2002

Globales Amerika? Die kulturellen Folgen der Globalisierung, Hrsg. Ulrich Beck, Natan Sznaider, Rainer Winter, Bielefeld 2003

The Lesser Evil: Moral Approaches to Genocide Practices, Hrsg. Gabriel Motzkin, Helmut Dubiel, London/New York 2004

Cultural Borrowings and Ethnic Appropriations in Antiquity, Hrsg. Erich S. Gruen, Stuttgart 2005

Europe and Asia Beyond East and West, Hrsg. Gerard Delanty, London 2006

EINIGE LITERATURHINWEISE

Albrecht, Christoph V.: *Geopolitik und Geschichtsphilosophie 1748–1798*, Berlin 1998

Bärsch, Claus-Ekkehard: *Die politische Religion des Nationalsozialismus. Die religiöse Dimension der NS-Ideologie in den Schriften von Dietrich Eckart, Joseph Goebbels, Alfred Rosenberg und Adolf Hitler*, München 2002

Berg, Nicolas: *Der Holocaust und die westdeutschen Historiker. Erforschung und Erinnerung*, Göttingen 2000.
- *Luftmenschen. Zur Geschichte einer Metapher*, Göttingen 2008

Berlin, Isaiah: *Freedom and its Betrayal. Six Enemies of Human Liberty*, New York 2002

Czerniaków, Adam: *Im Warschauer Getto. Das Tagebuch des Adam Czerniaków. 1939–1942*, München 1986

Diner, Dan: *Beyond the conceivable. Studies on Germany, Nazism and the Holocaust*, Berkeley / Los Angeles / London 2000
- *Das Jahrhundert verstehen. Eine universalhistorische Deutung*, München 1999
- *Feindbild Amerika – Über die Beständigkeit eines Ressentiments*, Berlin 2002
- *Gedächtniszeiten. Über jüdische und andere Geschichten*, München 2003
- *Versiegelte Zeit. Über den Stillstand in der islamischen Welt*, Berlin 2007

Douglas, Mary: *Reinheit und Gefährdung. Eine Studie zu Vorstellungen von Verunreinigung und Tabu*, Berlin 1985

Frei, Norbert: *Nationalsozialistische Eroberung der Provinzpresse: Gleichschaltung, Selbstanpassung und Resistenz in Bayern*, Stuttgart 1980
- *Vergangenheitspolitik. Die Anfänge der Bundesrepublik und die NS-Vergangenheit*, München 1996

Friedländer, Saul: *Das Dritte Reich und die Juden 1933–1945*, München 1998 / 2006

Herman, Arthur: *How the Scots Invented the Modern World: The True Story of How Western Europe's Poorest Nation Created Our World and Everything in It*, New York 2001

Heschel, Susannah: *The Aryan Jesus: Christian Theologians and the Bible in Nazi Germany*, Princeton / Oxford 2008

Haury, Harald: »Von Riesa nach Schloß Elmau: Johannes Müller (1864–1949) als Prophet, Unternehmer und Seelenführer eines völkisch naturfrommen Protestantismus«, in: *Religiöse Kulturen der Moderne*, Bd. 11, Gütersloh 2005

Herzinger, Richard: *Die Tyrannei des Gemeinsinns. Ein Bekenntnis zur egoistischen Gesellschaft*, Berlin 1997

James, Harold: *The End of Globalization: Lessons from the Great Depression* Cambridge (MA) 2001

Kamphausen, Georg: *Die Erfindung Amerikas in der Kulturkritik der Generation von 1890*, Weilerswist 2002

Kinzig, Wolfram: *Harnack, Marcion und das Judentum. Nebst einer kommentierten Edition des Briefwechsels Adolf von Harnacks mit Houston Stewart Chamberlain*, Leipzig 2004

Laqueur, Walter: *Gesichter des Antisemitismus. Von den Anfängen bis heute*, Berlin 2008

Mommsen, Wolfgang J.: »Gestürzte Denkmäler«? dazu: »Die ›Fälle‹ Aubin, Conze, Erdmann und Schieder«. In: Jürgen Elvert; Susanne Krauß (Hrsg.): *Historische Debatten und Kontroversen im 19. und 20. Jahrhundert*, Stuttgart 2002

Muller, Jerry Z.: *The Mind and the Market. Capitalism in Western Thought*, New York 2002

Nichtweiß, Barbara: *Erik Peterson. Neue Sicht auf Leben und Werk*, Freiburg i. Br. 1998

Nottmeier, Christian: *Adolf von Harnack und die deutsche Politik 1890–1930: Eine biographische Studie zum Verhältnis von Protestantismus, Wissenschaft und Politik*, Tübingen 2004

Obermann, Heiko A.: *Zwei Reformationen. Luther und Calvin – Alte und Neue Welt*, Berlin 2004

Prätorius, Rainer: *In God We Trust. Religion und Politik in den USA*, München 2003

Safranski, Rüdiger: *Ein Meister aus Deutschland: Heidegger und seine Zeit*, Frankfurt a. M. 2001

Schmorell, Alexander; Probst, Christoph: *Alexander Schmorell, Christoph Probst: Gesammelte Briefe*, Berlin 2011

Schwanitz, Dietrich: *Das Shylock-Syndrom oder die Dramaturgie der Barbarei*, Frankfurt a.M. 1997

Sedláček, Tomas: *Die Ökonomie von Gut und Böse*, München 2012

Sieg, Ulrich: *Deutschlands Prophet: Paul de Lagarde und die Ursprünge des modernen Antisemitismus*, München 2007

Tal, Uriel: *Religion, politics and ideology in the Third Reich. Selected Essays Religion*, In Memorian by Saul Friedländer, London / New York 2004

Wiese, Christian: *Wissenschaft des Judentums und protestantische Theologie im wilhelminischen Deutschland*, Tübingen 1999

Winkler, Heinrich-August: *Geschichte des Westens. Vom Kalten Krieg zum Mauerfall*, München 2009

Zelinsky, Hartmut: *Richard Wagner, ein deutsches Thema. Eine Dokumentation zur Wirkungsgeschichte Richard Wagners: 1876–1976*, Frankfurt a.M. 1976

BILDHINWEISE

QUELLENHINWEISE

S. 53ff.: Der Text ist ein Nachdruck des Aufsatzes von Ernst Landauer, der in »Texte jüdischen Überlebens«, *Dachauer Hefte*, 24. Jhrg., 2008, Heft 24 erschienen ist.

S. 152: *Emily Dickinson. Gedichte, englisch und deutsch*. Übersetzt von Gunhild Kübler, Herausgegeben von Gunhild Kübler.

MIX
Papier aus verantwortungsvollen Quellen
FSC® C014496

Verlagsgruppe Random House FSC® N001967
Das für dieses Buch verwendete FSC®-zertifizierte Papier
Munken Premium Cream liefert Arctic Paper Munkedals AB, Schweden.

Umschlag: Weiss Werkstatt, München
Umschlagmotiv: © Schloss Elmau
Satz und Herstellung: Lisa Jüngst, München
Druck und Bindung: GGP Media GmbH, Pößneck
Printed in Germany
ISBN 978-3-466-37132-7

www.koesel.de